TROISIÈME É

c'est

ASSEZ !

COMMENT ARRÊTER DE BOIRE OU RÉDUIRE VOTRE CONSOMMATION D'ALCOOL

MARTHA SANCHEZ-CRAIG
AVANT-PROPOS DE WILLIAM R. MILLER

Centre de toxicomanie et de santé mentale

Un Centre collaborateur de l'Organisation panaméricaine
de la Santé et de l'Organisation mondiale de la Santé

Catalogage avant publication de Bibliothèque et Archives Canada

Sanchez-Craig, Martha, 1935-
C'est assez ! Comment arrêter de boire ou réduire votre consommation d'alcool /
Martha Sanchez-Craig. – 3e éd. rev.

Publ. aussi en anglais sous le titre : Saying when.
Publ. aussi en format électronique.
ISBN 978-1-77052-908-3

1. Tempérance. 2. Boire contrôlé. 3. Alcoolisme – Prévention. I. Centre de toxicomanie et
de santé mentale II. Titre.

HV5278.S2614   362.29'28   C2011-908053-2

ISBN : 978-1-77052-908-3 (version imprimée)
ISBN : 978-1-77052-909-0 (PDF)
ISBN : 978-1-77052-910-6 (HTML)
ISBN : 978-1-77052-911-3 (ePUB)

Imprimé au Canada

Il se peut que cette publication soit disponible dans d'autres supports. Pour tout renseignement
sur les supports de substitution, sur d'autres publications de CAMH ou pour passer une
commande, veuillez vous adresser aux Ventes et distribution :
Sans frais : 1 800 661-1111
À Toronto : 416 595-6059
Courriel : publications@camh.ca
Cyberboutique : http://store.camh.ca

Site Web : www.camh.ca/fr

Available in English under the title: Saying When

Le présent livre a été édité par la Section d'appui à l'innovation et d'accès au savoir, à CAMH.

4330 /03-2014 / PG070

Remarque : *Les termes de genre masculin utilisés pour désigner des personnes englobent à la fois
les femmes et les hommes. L'usage exclusif du masculin ne vise qu'à alléger le texte.*

Table des matières

REMERCIEMENTS   v

PRÉFACE DE L'ÉDITION RÉVISÉE   ix

AVANT-PROPOS DE WILLIAM R. MILLER   xi

INTRODUCTION   1

PREMIÈRE PARTIE • Ce guide vous convient-il ou avez-vous besoin d'une aide professionnelle ?   7

DEUXIÈME PARTIE • Le programme   13

Première étape :   Faites le point   15

Deuxième étape :   Fixez votre premier objectif et découvrez comment vous faites face aux envies de boire   31

Troisième étape :   Fixez votre objectif à long terme   43

Quatrième étape :   Élaborez des stratégies pour parvenir à l'abstinence ou à la modération   51

Cinquième étape :   Tenez bon   69

TROISIÈME PARTIE • Questions souvent posées   73

ANNEXE   93

Journal de bord : ma consommation d'alcool   95

Journal de bord : comment je fais face aux envies de boire   101

Formules de suivi   105

Ressources pour le traitement   109

Remerciements

Je remercie les centaines de clients qui ont participé à nos essais cliniques et la Fondation de la recherche sur la toxicomanie (ARF)✶, qui a appuyé toutes nos recherches. Nous avons également bénéficié d'une subvention du National Institute of Alcohol and Alcoholism (NIAAA) des États-Unis. Cela dit, c'est, dans une large mesure, grâce à la collaboration d'un grand nombre de collègues que notre programme de recherche a pu être réalisé.

J'aimerais remercier Keith Walker qui, malgré les difficultés, m'a aidée à mettre sur pied le projet initial en 1973, auquel ont participé des clients ayant de graves problèmes liés à la consommation d'alcool. Ses commentaires sur la formulation de notre modèle cognitif de la consommation excessive d'alcool m'ont été très précieux. Je remercie également Carole Bush et Carol Broom d'avoir appris aux clients comment se fixer des objectifs et comment élaborer des stratégies d'adaptation, qui sont des éléments clés de notre programme. Je suis reconnaissante à Ken Sproule d'avoir retracé les clients sans relâche pour faire un suivi, ce qui a amélioré considérablement la qualité des recherches.

De 1977 à 1995, nous avons mis l'accent sur l'intervention « précoce » auprès des clients ayant des problèmes mineurs ou modérés liés à l'alcool. Certains collègues m'ont prêté leur concours à titre de thérapeutes, notamment Ken Macdonald, Karen Spivak, Tony Hunt, Carole Bush, Larry Emens-Jelinek et Adrian Wilkinson. Je les remercie tous d'avoir mis leurs compétences cliniques à contribution pour l'élaboration du programme. Je suis très reconnaissante à Yedi Israel et à Adrian Wilkinson d'avoir recommandé d'inclure des tests cognitifs et de fonction hépatique à notre processus d'admission et aux évaluations

✶ En 1998, le Centre de toxicomanie et de santé mentale a été créé à l'issue de la fusion de la Fondation de la recherche sur la toxicomanie, de l'Institut psychiatrique Clarke, de l'Institut Donwood et du Centre de santé mentale de la rue Queen.

de suivi. Ces tests ont permis de valider les mesures de la consommation d'alcool et de produire des études de meilleure qualité. Nos taux de suivi élevés sont attribuables en grande partie à Virginia Ittig-Deland et à Antonella Bianca. Je les remercie de la ténacité dont elles ont fait preuve pour retracer les clients et recueillir des renseignements auprès d'eux. Richard Bornet et Rafaela Davila ont organisé et analysé de façon méticuleuse les nombreuses données recueillies auprès de centaines de clients. Hau Lei a fourni des conseils éclairés sur les analyses statistiques et a joué un rôle clé dans l'élaboration de nos directives sur la consommation d'alcool raisonnable. Je remercie Rafaela Davila et Gerry Cooper de leur aide lors de l'évaluation du guide *C'est assez !* dans des collectivités rurales et éloignées du Nord de l'Ontario, ainsi que Gillian Leigh et Karen Spivak de leur soutien à la production des versions antérieures du guide d'initiative personnelle.

Sur une période de 22 ans, quatre modèles ont été élaborés dans le cadre du programme de recherche :
• Counseling — Décrit dans le *Manuel du thérapeute*
• Conseils — Directives sur la consommation d'alcool raisonnable
• Initiative personnelle — *C'est assez !*
• Programme d'éducation — DrinkWise*

Je suis reconnaissante à la Fondation de la recherche sur la toxicomanie de m'avoir permis d'accepter un grand nombre d'invitations à présenter nos méthodes de traitement et les résultats de nos recherches lors de conférences qui avaient lieu au Canada et à l'étranger, et de m'avoir permis d'enseigner nos méthodes à des psychologues et à des médecins de la clinique Hjellestad, située à Bergen, en Norvège, et de l'hôpital

---

* Le modèle d'éducation DrinkWise a été créé par moi-même, Adrian Wilkinson et Karen Spivak au début des années 1990 dans le cadre d'une entente de collaboration conclue par l'ARF et Homewood Health Services, de Guelph (Ontario). Cette entente a été résiliée et Homewood est devenu propriétaire du modèle. Contrairement aux trois autres modèles, que nous avons évalués à l'aide d'une méthode scientifique rigoureuse, le modèle DrinkWise, tel qu'il a été offert par l'entremise de Homewood, n'a pas été évalué dans le cadre de notre programme de recherche. Le modèle d'éducation DrinkWise a été adopté dans diverses régions du Canada et des États-Unis.

Mãe de Deus, situé à Porto Alegre, au Brésil. L'évaluation des directives effectuée par feu Jandira Masur et son équipe à la Escola Paulista de Medicina située à São Paulo, au Brésil, nous a été fort utile. Sous la direction de Yedi Israel, les directives ont été évaluées dans le cadre d'un projet réunissant des médecins et des infirmières de Cambridge, en Ontario. Le Dr Doug Wilson, du Collège des médecins de famille du Canada, a utilisé les directives dans le cadre d'un projet auquel ont participé des médecins de famille. Je les remercie tous d'avoir contribué à nos recherches.

Je tiens à exprimer toute ma gratitude à mon conjoint, Adrian Wilkinson, qui m'a soutenue sur le plan affectif et intellectuel. Ses encouragements constants m'ont aidée à traverser les moments difficiles, mais je lui suis encore plus reconnaissante de sa capacité de m'aider à exprimer mes idées.

Enfin, je remercie Michelle Maynes, qui travaille à la Section de l'appui à l'innovation et de l'accès au savoir, de ses judicieux commentaires et des nombreux efforts qu'elle a déployés aux fins de la production de cette nouvelle édition.

Je tiens également à remercier les personnes suivantes (en ordre alphabétique) d'avoir fourni de précieux commentaires au sujet de cette nouvelle édition : John Cunningham, Christian Hendershot, Bernard Le Foll, Peter Selby, Wayne Skinner et Tony Toneatto.

Préface de l'édition révisée

C'est assez ! est le fruit des leçons tirées à l'issue d'un vaste programme de recherche sur le traitement des troubles liés à l'alcool. Au début, je souhaitais élaborer un programme d'initiative personnelle s'adressant aux personnes qui voulaient modifier leur consommation d'alcool sans demander l'aide d'un professionnel et sans se joindre à Alcooliques Anonymes ou à un autre groupe d'entraide. Lors de mes travaux cliniques, un grand nombre de clients m'ont dit qu'il s'était écoulé *plusieurs années* entre le moment où ils avaient admis avoir un problème et celui où ils avaient demandé de l'aide. Dans bien des cas, ils avaient attendu longtemps avant de faire quelque chose parce qu'ils percevaient des obstacles au traitement. Les obstacles mentionnés le plus souvent comprenaient la peur d'être considéré comme un « alcoolique », la nécessité de s'absenter du travail ou d'abandonner certaines responsabilités familiales et l'absence de services dans les localités rurales. Mon souhait a été réalisé lorsque nos recherches ont démontré que les personnes utilisant le guide *C'est assez !* par elles-mêmes obtenaient des résultats semblables à ceux que procurait un programme dispensé par un thérapeute.

La nouvelle édition comprend toujours uniquement les éléments du programme qui, selon nos études, ont été utilisés avec succès par des centaines de clients pour arrêter de boire ou réduire leur consommation d'alcool. Il a été gratifiant de constater en examinant les recherches récentes sur les programmes d'initiative personnelle que *C'est assez !* demeure un programme à la fine pointe. La nouvelle édition n'a nécessité que des changements mineurs. Nous y avons intégré les conclusions récentes concernant les directives sur la consommation modérée d'alcool. Certains termes ont changé depuis la publication de l'édition précédente. Par exemple, les mots « alcoolique » et « buveur abusif », qui mettent l'accent sur la personne, ont été remplacés dans la pratique clinique par une description de l'intensité du « trouble lié à l'alcool », qui met l'accent sur le problème.

Dans le cadre de ma pratique clinique, un grand nombre de clients m'ont demandé pourquoi certaines personnes réussissent le programme et d'autres non. Nos recherches nous ont fourni une réponse claire : la plupart des personnes qui utilisent *sans relâche* les techniques décrites dans le guide *C'est assez !* réussissent le programme. Cette constatation nous procure un grand soulagement et nous motive, car elle signifie que les personnes qui utilisent le guide ont tous les outils nécessaires pour réussir. Elles peuvent s'inspirer de l'expérience vécue par d'autres clients et renforcer leur détermination à modifier leur consommation d'alcool.

C'est assez ! est un programme qui a fait ses preuves. Il peut venir en aide aux personnes qui ont de bonnes raisons d'arrêter de boire ou de réduire leur consommation d'alcool, qui estiment qu'il est temps d'apporter des changements et qui préfèrent utiliser un guide d'initiative personnelle plutôt que de se rendre dans une clinique. En outre, le présent guide est un outil utile pour les conseillers qui souhaitent aider leurs clients à régler leur problème lié à l'alcool. Bien que j'aie cessé de faire de la recherche et de dispenser des traitements, je tire une grande satisfaction du fait qu'un grand nombre de personnes continuent d'utiliser le guide *C'est assez !* et bénéficient du fruit de mon travail.

Avant-propos

Lorsque la D^{re} Sanchez-Craig a entrepris ses recherches ayant mené à la publication de *C'est assez !*, elle devançait de plusieurs décennies les travaux qui seraient réalisés dans ce domaine. À cette époque, on croyait généralement que, d'un côté, il y avait les alcooliques qui, de par leur constitution, étaient incapables de boire avec modération et, de l'autre côté, les personnes non alcooliques qui pouvaient boire avec impunité. En d'autres termes, un livre sur la modération n'aurait trouvé aucun public : les alcooliques ne pouvaient s'en servir et les personnes non alcooliques n'en avaient pas besoin. On croyait également que les personnes ayant des problèmes liés à l'alcool étaient incapables de modifier leur consommation sans suivre de traitement.

Quatre décennies plus tard, son approche novatrice est devenue courante. La cinquième édition du *Manuel diagnostique et statistique* (DSM-V), qui sera publiée sous peu, reconnaît qu'il y a plusieurs degrés de gravité des problèmes liés à l'alcool. Comme c'est le cas pour les problèmes de santé chroniques, il faut utiliser une approche tenant compte du degré de gravité. On reconnaît désormais qu'un grand nombre de problèmes liés à l'alcool peuvent être réglés sans avoir recours à un traitement structuré. Les professionnels ont adopté le point de vue des chercheurs et ont convenu que la modération est un résultat possible, bien qu'elle ne soit pas recommandée pour les personnes ayant une dépendance grave envers l'alcool. On encourage les médecins à déterminer si leurs patients boivent trop en raison des risques d'une telle consommation pour la santé et à recommander la modération à leurs patients qui se trouvent dans cette situation.

Comment peut-on modérer sa consommation d'alcool ? *C'est assez !* présente des stratégies de maîtrise de soi fondées sur des données scientifiques qui ont été élaborées et mises à l'essai dans le cadre de recherches échelonnées sur une période de 40 ans. L'ouvrage ne fait aucune promesse irréaliste. Il présente des lignes directrices permettant de décider si l'approche qu'il suggère convient à la situation ainsi que des stratégies pratiques pour en faire l'essai. Lors des études que nous avons réalisées aux États-Unis, nous avons constaté que, en moyenne, les personnes qui utilisaient un guide d'initiative personnelle comme celui-ci parvenaient tout aussi bien à modifier leur consommation d'alcool que les personnes utilisant les mêmes stratégies en consultation avec un conseiller. Les études réalisées au Canada, y compris les recherches effectuées par la D^re Sanchez-Craig, ont permis de tirer des conclusions semblables.

La troisième édition de *C'est assez !* continue de mettre cette approche à la disposition des personnes qui veulent arrêter de boire ou réduire leur consommation d'alcool. Dans un langage clair et direct, elle décrit les méthodes de maîtrise de soi les plus éprouvées permettant d'éviter la consommation d'alcool risquée et problématique.

William R. Miller, Ph.D.
Professeur émérite distingué de psychologie et de psychiatrie
Université du Nouveau-Mexique

Introduction

Si votre consommation d'alcool est la cause de certains de vos problèmes, le présent guide d'initiative personnelle peut vous aider à parvenir à une sobriété totale ou partielle. Il présente un programme qui a vu le jour à la Fondation de la recherche sur la toxicomanie en Ontario, au Canada, et qui a été peaufiné et évalué pendant plus de 22 ans. Le guide est le fruit de ce vaste programme de recherche. Vous y trouverez des techniques que des centaines de clients ont utilisées avec succès pour maîtriser leur consommation d'alcool.

Les clients qui ont entrepris ce programme et participé aux recherches étaient des personnes qui ont demandé de l'aide parce que leur consommation d'alcool constituait une menace pour leur santé, leurs relations ou leur travail. Ils tenaient à changer leurs habitudes et ont fait de cet objectif leur priorité pendant plusieurs mois.

Même si l'alcool bouleversait la vie de nos clients, ceux-ci n'étaient pas des « alcooliques » : ils n'éprouvaient pas de symptômes d'un trouble grave lié à l'alcool ni de problèmes liés à d'autres drogues. En outre, ils n'avaient pas de problèmes de santé ou de problèmes sociaux graves.

Le programme qui a aidé nos clients est exposé par étapes dans le présent guide ; vous pouvez donc l'appliquer à votre propre situation.

Ce programme peut vous aider si, comme nos clients :
- vous avez des raisons bien fondées de vouloir changer vos habitudes de consommation d'alcool ;
- vous vous êtes fixé comme priorité d'arrêter de boire ou de réduire votre consommation d'alcool, et vous êtes disposé à consacrer plusieurs mois à la réalisation de cet objectif.

Pourquoi un tel guide ?

Pour quatre bonnes raisons :

1. Un grand nombre de ceux qui ont un problème lié à l'alcool essaient de s'en sortir par eux-mêmes, par tâtonnements. Le présent guide peut vous aider à arrêter de boire ou à réduire votre consommation d'alcool plus facilement en vous montrant des méthodes qui se sont révélées efficaces.

2. Au lieu de cesser complètement de boire, bien des gens parviennent à surmonter leur problème d'alcool en réduisant leur consommation. La plupart des programmes de traitement exigent l'abstinence totale ; le présent guide vous laisse choisir la méthode.

3. On ignore souvent ce que signifie l'expression « boire avec modération ». Le présent guide vous donne des renseignements sur des habitudes de consommation qui peuvent vous aider à éviter les problèmes liés à l'alcool.

4. Un grand nombre de personnes qui éprouvent un problème lié à l'alcool ne demandent pas d'aide parce que les programmes de traitement ne leur offrent pas les possibilités de faire face à leur problème d'une façon qui leur convient. Voici donc une liste des demandes de nos clients :

CONFIDENTIALITÉ

Ils voulaient recevoir de l'aide sans que leur famille ou leur employeur en soit informé.

ANONYMAT

Ils ne voulaient pas être étiquetés comme « alcooliques » ou admettre ouvertement qu'ils étaient des « alcooliques ».

SOUPLESSE

Ils voulaient recevoir de l'aide sans pourtant négliger leur travail ou leurs obligations familiales.

CHOIX

Ils voulaient avoir le choix entre l'abandon complet de l'alcool et la réduction de la consommation.

Le présent guide donne à ses lecteurs la chance de régler leurs problèmes liés à l'alcool tout en leur offrant ces possibilités.

Certaines personnes se servent de ce guide dans le cadre d'un programme personnel de mieux-être. Le niveau de leur consommation d'alcool ne leur cause pas de problèmes, mais elles veulent se maintenir en bonne santé en buvant moins, en faisant plus d'exercice ou en faisant attention à ce qu'elles mangent.

Quel a été le taux de réussite chez nos clients ?

Au cours des 18 dernières années de nos recherches (de 1977 à 1995), nous avons réalisé plusieurs études portant sur des clients ayant un problème mineur ou modéré lié à l'alcool. Sur les centaines de clients ayant participé à nos études, environ 70 % d'entre eux ont été considérés comme ayant réussi le programme un ou deux ans après l'avoir terminé. Certains clients ont suivi ce programme avec l'aide d'un thérapeute tandis que d'autres se sont seulement servis de ce guide. Le taux de réussite a été le même dans les deux cas.

Mais comment définissions-nous le succès ? Nous avons considéré que les clients avaient réussi le programme s'ils n'avaient plus de problèmes – c'est-à-dire si leur consommation d'alcool ne leur causait plus les problèmes les ayant amenés à demander de l'aide (p. ex., conflits avec la famille ou les amis, absentéisme, trop d'argent consacré à l'alcool, préoccupations au sujet de leur santé physique ou émotionnelle).

PROFIL DES CLIENTS AYANT RÉUSSI LE PROGRAMME

Lorsqu'ils ont commencé le programme, la plupart des clients ont dit qu'ils buvaient tous les jours et prenaient souvent cinq verres ou plus par occasion. Ils buvaient en moyenne environ 40 verres par semaine. Une fois le programme terminé, les clients qui n'éprouvaient plus de problèmes liés à l'alcool avaient modifié leurs habitudes de consommation comme suit :

- en moyenne, ils s'abstenaient de boire **trois** jours par semaine ;
- *au plus*, les jours où ils buvaient, les hommes prenaient **quatre** verres et les femmes, **trois** (ils buvaient ainsi uniquement lors d'occasions spéciales ; la plupart du temps, ils buvaient moins) ;
- *au plus*, les hommes prenaient **12** verres par semaine et les femmes, **neuf**.

Dans les versions précédentes du présent guide, nous utilisions les limites ci-dessus dans nos directives sur la consommation modérée d'alcool. De nouvelles directives appelées Directives de consommation d'alcool à faible risque du Canada ont été publiées récemment (voir www.ccsa.ca). Étant donné que les limites quotidiennes et hebdomadaires de consommation d'alcool de ces directives nationales sont semblables à celles que nous avons établies dans le cadre de nos recherches, nous avons décidé de les utiliser dans le guide *C'est assez !* pour éviter toute confusion.

Comment ce guide peut-il vous aider ?

Le guide *C'est assez !* comprend quatre parties.

PREMIÈRE PARTIE

Cette partie vous aidera à déterminer si ce guide vous convient ou si vous avez besoin d'une aide plus soutenue.

DEUXIÈME PARTIE

Cette partie décrit les cinq étapes du programme. Vous y apprendrez les techniques qui vous permettront d'atteindre la sobriété ou de modérer votre consommation d'alcool.

TROISIÈME PARTIE

Cette partie répond à cinq questions que nos clients nous ont souvent posées : Qu'est-ce que l'alcool ? Quand la consommation d'alcool devient-elle excessive ? « L'alcoolisme » est-il une maladie héréditaire ? Comment les habitudes de consommation s'acquièrent-elles ? Comment fait-on face aux problèmes liés à l'alcool ? Nous vous recommandons de lire cette section pendant que vous franchissez les étapes décrites à la deuxième partie.

ANNEXE

Cette partie comprend des tableaux et des formules qui vous aideront à suivre vos progrès. Elle vous fournit également des renseignements sur la recherche de services de traitement des problèmes liés à la consommation d'alcool et de drogues dans votre collectivité, si vous souhaitez obtenir l'aide d'un spécialiste.

PREMIÈRE PARTIE

CE GUIDE VOUS CONVIENT-IL OU AVEZ-VOUS BESOIN D'UNE AIDE PROFESSIONNELLE ?

Remplissez le questionnaire d'évaluation suivant pour déterminer si :
• vous avez un trouble grave lié à l'alcool ;
• vous traversez une crise personnelle ou éprouvez un trouble émotionnel grave ;
• vous avez des problèmes causés par d'autres drogues que l'alcool.

Si vous éprouvez l'un ou l'autre de ces problèmes, ce guide NE VOUS CONVIENT PAS. Vous avez probablement besoin d'une aide plus soutenue que celle que peut vous offrir le présent guide. Pour obtenir des renseignements sur la recherche de services de traitement des problèmes liés à la consommation d'alcool et de drogues offerts dans votre collectivité, reportez-vous à la page 109.

Ai-je un trouble grave lié à l'alcool ?

La plupart des personnes qui ont un trouble grave lié à l'alcool éprouvent les symptômes décrits à la page suivante. Lisez la liste attentivement et cochez ☑ les symptômes que vous ressentez.

SYMPTÔMES DE SEVRAGE

Au cours des six derniers mois, après avoir bu, j'ai parfois ressenti les symptômes suivants :
- ☐ nausées ou vomissements ;
- ☐ tremblements perceptibles des mains, de la langue ou des paupières ;
- ☐ transpiration abondante ;
- ☐ panique (forte angoisse) ;
- ☐ agitation ;
- ☐ hallucinations (j'ai vu, entendu ou senti des choses qui n'existaient pas réellement) ;
- ☐ maux de tête ou impression d'avoir la tête dans un étau ou d'avoir trop de choses dans la tête ;
- ☐ impression d'avoir perdu une journée ou ne pas savoir où j'étais ;
- ☐ convulsions (j'ai perdu connaissance et on m'a dit que j'avais eu des convulsions).

CONSOMMATION D'ALCOOL AFIN D'ATTÉNUER LES SYMPTÔMES DE SEVRAGE

Au cours des six derniers mois, il m'est arrivé plus d'une fois :
- ☐ d'avoir besoin d'alcool pour atténuer les symptômes de sevrage (par exemple, j'ai bu le matin ou au réveil pour calmer les tremblements ou autres sensations désagréables) ;
- ☐ d'avoir besoin d'alcool pour éviter de ressentir les symptômes de sevrage.

Si vous avez coché l'un ou l'autre des symptômes précédents, vous avez peut-être besoin d'une aide plus soutenue que celle que peut vous offrir le présent guide. Obtenez l'aide d'un professionnel de la santé.

Est-ce que je présente d'autres signes d'un trouble lié à l'alcool ?

Si un spécialiste de l'utilisation de substances devait évaluer si vous avez ou non un trouble lié à l'alcool, il déterminerait également dans quelle mesure chacun des énoncés suivants s'applique à vous. Lisez les énoncés attentivement et cochez ☑ ceux qui s'appliquent en totalité ou en partie à votre cas.

Au cours des six derniers mois :

☐ J'ai souvent bu plus d'alcool ou pendant plus longtemps que j'en avais l'intention.

☐ Je me suis souvent dit que je devais réduire ou maîtriser ma consommation d'alcool ou j'ai tenté en vain à une ou plusieurs reprises de le faire.

☐ J'ai passé beaucoup de temps à me procurer de l'alcool, à en consommer ou à me rétablir de ses effets.

☐ J'ai souvent été ivre, j'ai souvent ressenti les effets de l'alcool au travail, à l'école ou pendant que je m'occupais des enfants, ou encore je me suis exposé ou j'ai exposé autrui à des dangers (par exemple, en conduisant en état d'ébriété).

☐ À cause de l'alcool, j'ai abandonné d'importantes activités sociales, professionnelles ou récréatives, ou j'y ai participé moins souvent.

☐ J'ai continué à boire de l'alcool malgré un ou plusieurs problèmes persistants ou périodiques aggravés par l'alcool.

☐ Ma tolérance à l'alcool a augmenté ; je dois boire beaucoup plus pour obtenir les effets que je recherche, ou l'alcool me fait beaucoup moins d'effet si je bois la même quantité qu'avant.

☐ J'ai eu des « éclipses », c'est-à-dire qu'il m'est arrivé de ne pas me souvenir de ce qui s'est passé quand je buvais.

Habituellement, nos clients présentaient trois, quatre ou même cinq de ces symptômes, mais pas à un degré extrême ; leur trouble lié à l'alcool était mineur ou modéré. Ils n'ont jamais connu les symptômes graves liés au sevrage mentionnés à la page précédente (p. 8). Si vous n'êtes

pas certain de vos réponses, vous pouvez envisager de :
- consulter un spécialiste du traitement des problèmes liés à la consommation d'alcool et de drogues, qui vous aidera à faire votre évaluation ;
- commencer le programme en vous rappelant que, si vous ne faites pas de progrès, il serait sage de songer à obtenir une aide plus soutenue.

Est-ce que je traverse une crise personnelle ou est-ce que j'éprouve un trouble émotionnel grave ?

Lorsqu'on traverse une crise personnelle ou qu'on éprouve un trouble émotionnel grave, il est difficile de changer ses habitudes de consommation d'alcool sans aide. On entend par crise toute situation qui empêche une personne de fonctionner *normalement* au travail ou à la maison.

En règle générale, les situations suivantes provoquent une crise :
- ☐ avoir des conditions de logement instables ;
- ☐ vivre une séparation ou un divorce ;
- ☐ se trouver au centre d'un conflit concernant la garde des enfants ;
- ☐ être accusé d'une infraction grave ;
- ☐ se trouver au chômage après avoir perdu un bon emploi ;
- ☐ déclarer faillite ou vivre de graves problèmes financiers ;
- ☐ avoir vécu un traumatisme récemment comme des mauvais traitements ou de la violence sexuelle ;
- ☐ composer avec la mort d'une personne aimée.

Un trouble émotionnel grave peut survenir à la suite d'une crise ou il peut être constant. Il peut se manifester comme suit :
- ☐ se sentir déprimé ou anxieux ;
- ☐ envisager de se faire du mal ou de blesser quelqu'un.

Si vous traversez une crise ou éprouvez un trouble émotionnel grave, vous devriez demander l'aide d'un professionnel de la santé, qui vous aidera à faire face à vos problèmes émotionnels et à votre consommation d'alcool.

Lorsque vous vous sentirez mieux, si votre consommation d'alcool vous préoccupe toujours, *C'est assez !* pourra vous aider.

Ai-je des problèmes liés à d'autres drogues ?

Certains médicaments et drogues peuvent aggraver le problème lié à l'alcool :
- les tranquillisants (p. ex., Valium, Xanax et Ativan) ;
- les somnifères (p. ex., Seconal et Halcion) ;
- les analgésiques (p. ex., codéine, Percodan et Demerol) ;
- la marijuana ou le haschich ;
- les amphétamines ou les stimulants (p. ex., méthamphétamine) ;
- la cocaïne.

Vous avez des problèmes liés à une drogue autre que l'alcool si l'un des énoncés suivants s'applique à vous :
- Je prends des médicaments sur ordonnance, sans suivre les recommandations de mon médecin (habituellement j'en prends plus que la dose prescrite ou je prends un médicament pour un trouble autre que celui pour lequel il a été prescrit).
- Je prends à l'occasion des drogues illégales ; cela me cause parfois des problèmes, mais pas toujours.
- Je prends souvent des drogues illégales.

Si vous avez l'un ou l'autre des problèmes liés à la prise de drogues précités, ce guide NE VOUS CONVIENT PAS. Vous devriez obtenir l'aide d'un professionnel.

Votre décision

☐ Oui

Je crois que ce guide peut m'être utile. Je suis déterminé à agir pour régler mon problème lié à l'alcool et à faire de cet objectif une priorité. De plus, je n'ai pas de trouble grave lié à l'alcool ni d'autres problèmes qui nécessitent une aide supplémentaire.

☐ Non

Ce guide ne me convient pas. J'ai un trouble grave lié à l'alcool ou j'ai d'autres problèmes qui nécessitent une aide supplémentaire.

Si vous décidez que ce programme vous convient, n'oubliez pas que son objectif global consiste à vous apprendre les techniques dont vous avez besoin pour éviter les problèmes liés à l'alcool.

DEUXIÈME PARTIE

LE PROGRAMME

Pour réussir ce programme, vous devez franchir les cinq étapes suivantes. Vous pouvez franchir chaque étape à votre rythme.

PREMIÈRE ÉTAPE : FAITES LE POINT

D'abord, vous déterminerez la quantité d'alcool que vous buvez, les situations qui déclenchent chez vous le besoin de boire et les effets que l'alcool a sur vous. Ces renseignements vous aideront à établir vos propres repères pour l'évaluation de vos progrès.

DEUXIÈME ÉTAPE : FIXEZ VOTRE PREMIER OBJECTIF ET DÉCOUVREZ COMMENT VOUS FAITES FACE AUX ENVIES DE BOIRE

Que votre objectif soit l'abstinence ou la modération, on vous recommande de ne pas boire pendant les deux premières semaines du programme. Cette courte période d'abstinence vous aidera à découvrir comment vous réagissez spontanément dans les situations où vous êtes fortement tenté de boire. Nos recherches démontrent que les personnes qui ne boivent pas pendant les deux premières semaines sont plus susceptibles d'atteindre leurs objectifs.

TROISIÈME ÉTAPE : FIXEZ VOTRE OBJECTIF À LONG TERME

Après la première et la deuxième étape, vous aurez suffisamment de renseignements pour décider si vous visez l'abstinence ou la modération. Si vous voulez apprendre à consommer de l'alcool modérément, vous déterminerez la quantité d'alcool que vous boirez, la fréquence de votre consommation et les situations dans lesquelles vous pouvez boire sans danger.

QUATRIÈME ÉTAPE : ÉLABOREZ DES STRATÉGIES POUR PARVENIR À L'ABSTINENCE OU À LA MODÉRATION

Au cours d'une période de quatre semaines, vous élaborerez et mettrez en œuvre un plan pour atteindre votre objectif à long terme. Vous serez en mesure de mettre en application les stratégies qui ont le plus aidé nos clients ayant réussi le programme à faire face à leur consommation d'alcool.

CINQUIÈME ÉTAPE : TENEZ BON

À la cinquième étape, vous saurez quelles stratégies sont les plus efficaces pour vous. En mettant ces stratégies en pratique de façon cohérente, vous atteindrez votre objectif. Faites-en une habitude, et vous serez en mesure de continuer dans la direction que vous avez choisie, à savoir l'abstinence ou la modération. N'oubliez pas que le succès ne vient pas du jour au lendemain. Il vous faudra peut-être plusieurs semaines, voire plusieurs mois, avant de vous habituer à votre nouvelle sobriété.

L'objectif global du programme consiste à éviter les problèmes qui découlent de la consommation d'alcool. Vous pourrez y parvenir en cessant de boire complètement ou en apprenant à boire avec modération.

Première étape : Faites le point

Cette étape vous aidera à déterminer :
- vos habitudes actuelles de consommation ;
- ce qui vous pousse à boire trop – c'est ce que nous appelons les « déclencheurs » de consommation excessive ;
- les différents effets que l'alcool peut avoir sur vous.

Nos clients ont toujours considéré cette étape comme l'une des plus importantes du programme. Elle les a aidés à s'examiner et à découvrir la nature de leurs habitudes de consommation d'alcool ainsi que les effets que l'alcool avait sur leur vie. Vous pouvez franchir cette étape en une seule séance.

Pour faire le point, vous devrez avoir à portée de la main :
- le tableau des verres standard (se trouvant à la page suivante) pour vous aider à évaluer ce qu'est un « verre standard » ;
- un calendrier de 12 mois ;
- une calculatrice portative, un téléphone intelligent ou du papier et un crayon.

Qu'est-ce qu'un verre standard ?

Un verre standard contient une quantité fixe d'alcool. Le diagramme qui suit montre des boissons alcoolisées courantes. Pour chacune, il indique la quantité servie et la teneur en alcool constituant un verre standard.

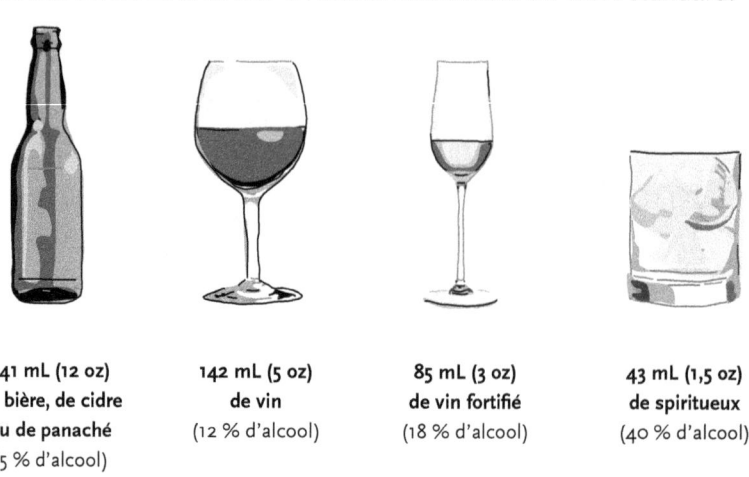

| 341 mL (12 oz) de bière, de cidre ou de panaché (5 % d'alcool) | 142 mL (5 oz) de vin (12 % d'alcool) | 85 mL (3 oz) de vin fortifié (18 % d'alcool) | 43 mL (1,5 oz) de spiritueux (40 % d'alcool) |

Teneur en alcool et quantité d'alcool des différentes boissons

Le diagramme ci-dessus indique la « teneur ordinaire » en alcool de chaque type de boisson. Or, les vins, les bières, les cidres et les panachés (coolers) n'ont pas tous la même teneur en alcool. En effet, les vins peuvent avoir entre 10 et 14 % d'alcool et les bières, de moins de trois à plus de 7 % d'alcool. En outre, la teneur en alcool des vins et des bières maison n'est pas mesurée et, dans bien des cas, est plus élevée que celle des boissons disponibles sur le marché.

Par ailleurs, l'alcool est vendu dans des contenants de différentes grosseurs. Un grand nombre de bières, de cidres et de coolers sont offerts dans des cannettes ou des bouteilles grand format. De plus, dans bien des cas, les verres de bière et de vin servis dans les bars et les restaurants sont plus gros qu'un verre standard.

Il faut tenir compte de ces différences quant à la teneur en alcool et à la quantité d'alcool en estimant le nombre de verres standard.

Le tableau ci-dessous indique certaines variations courantes de la teneur en alcool, de la quantité d'alcool servie et de la grosseur des contenants afin de vous aider à calculer le nombre de verres standard.

BOISSON	FORMAT	TENEUR EN ALCOOL	NOMBRE DE VERRES STANDARD
Bière, cidre ou panaché	Bouteille de 341 mL (12 oz)	7 % d'alcool	1,4
	Cannette de 473 mL (16 oz)	5 % d'alcool	1,4
	Pinte de 568 mL (20 oz)	5 % d'alcool	1,6
Vin	Verre de 170 mL (6 oz)	12 % d'alcool	1,2
	Verre de 255 mL (9 oz)	12 % d'alcool	1,8
	Bouteille de 750 mL (26 oz)	12 % d'alcool	5
Spiritueux (p. ex., whisky, rhum, gin)	Bouteille de 375 mL (13 oz)	40 % d'alcool	9
	Bouteille de 750 mL (26 oz)	40 % d'alcool	18
	Bouteille de 1,14 L (40 oz)	40 % d'alcool	27

Évaluez votre consommation actuelle

Un grand nombre de personnes sous-estiment la quantité exacte d'alcool qu'elles boivent. Lorsque nos clients ont commencé à prendre note de leur consommation d'alcool au moyen de la méthode décrite ci-après, un grand nombre d'entre eux ont constaté qu'ils buvaient plus qu'ils ne le pensaient.

Prenez votre temps et appliquez-vous. Ces étapes détermineront votre point de départ pour les besoins du programme. Assurez-vous d'être précis afin d'obtenir les meilleurs résultats possible.

1. QUELLES SONT MES HABITUDES DE CONSOMMATION D'ALCOOL ?

Lequel des modèles suivants décrit le mieux vos habitudes de consommation d'alcool au cours des 28 derniers jours ? (Utilisez cette période, c'est-à-dire les quatre dernières semaines, pour évaluer votre consommation d'alcool.) Cochez ☑ la case appropriée.

☐ Consommation fréquente : J'ai bu de quatre à sept jours par semaine.

☐ Consommation la fin de semaine : J'ai bu surtout les jours de congé.

☐ Excès occasionnels : J'ai bu excessivement pendant quelques jours, puis je me suis abstenu ou j'ai bu très peu pendant plusieurs jours.

☐ Consommation occasionnelle : J'ai bu au plus trois ou quatre jours au cours de la période de quatre semaines.

2. INDIQUEZ LES « JOURNÉES INHABITUELLES »

Examinez les 28 jours précédents sur le calendrier, puis marquez tous les jours fériés et les journées spéciales, y compris les célébrations, les fêtes, les voyages d'affaires et les congés de maladie. Indiquez également les événements spéciaux qui ont changé vos habitudes de consommation. Un calendrier d'affaires ou de travail sera utile pour évaluer avec précision ces « journées inhabituelles ».

3. INDIQUEZ LES JOURS D'ABSTINENCE

Marquez d'un « o » les jours où vous n'avez rien bu. Y a-t-il des journées où vous vous êtes habituellement abstenu de boire ?

4. INDIQUEZ LES JOURS OÙ VOUS AVEZ BU 10 VERRES OU PLUS

Marquez les jours où vous avez bu 10 verres ou plus et indiquez le nombre de verres pris chaque jour. Si vous ne vous souvenez pas du nombre exact de verres d'alcool bus lors d'une journée donnée, inscrivez « 10 ». Vérifiez les « journées inhabituelles » pour vous assurer que vous n'avez manqué aucune de ces journées de très forte consommation.

5. INDIQUEZ LES JOURS OÙ VOUS AVEZ PRIS DE 5 À 9 VERRES

Marquez les jours où vous avez pris de 5 à 9 verres. Inscrivez le nombre habituel de verres que vous avez pris ces journées-là (5, 6, 7, 8 ou 9).

6. INDIQUEZ LES JOURS OÙ VOUS AVEZ BU DE 1 À 4 VERRES

Il s'agit des derniers jours du calendrier. Inscrivez le nombre habituel de verres que vous avez pris ces journées-là (1, 2, 3 ou 4).

Ne vous inquiétez pas si vous êtes incapable de vous souvenir de chaque verre que vous avez pris, mais rappelez-vous que la plupart des gens sous-estiment leur consommation d'alcool parce qu'ils oublient combien de verres ils ont pris les journées de très forte consommation (c.-à-d. cinq verres ou plus).

MA CONSOMMATION ACTUELLE

Au moyen des renseignements que vous avez inscrits sur le calendrier, vous pouvez maintenant calculer votre consommation actuelle et votre moyenne hebdomadaire.

	NOMBRE DE JOURS (A)		NOMBRE HABI-TUEL DE VERRES (B)		TOTAUX (A × B)
Jours sans alcool	_____				
1 à 4 verres	_____	×	_____	=	_____
5 à 9 verres	_____	×	_____	=	_____
10 verres ou plus	_____	×	_____	=	_____
	(= 28 jours)				

Nombre total de verres (28 jours) _____

Moyenne hebdomadaire (nombre total de verres ÷ 4 semaines) _____

Si vous avez de la difficulté à remplir le tableau, suivez ces directives :

1. COLONNE A : NOMBRE DE JOURS

En vous servant des renseignements inscrits sur votre calendrier, inscrivez dans cette colonne le nombre de jours où vous n'avez pas bu d'alcool ; où vous avez bu de 1 à 4 verres ; de 5 à 9 verres et 10 verres ou plus. Vos réponses devraient totaliser 28 pour correspondre à la période de 28 jours utilisée pour consigner votre consommation actuelle.

2. COLONNE B : NOMBRE HABITUEL DE VERRES

Encore une fois, en vous servant des renseignements que vous avez inscrits sur votre calendrier, inscrivez dans cette colonne le nombre de verres que vous buviez habituellement quand votre consommation était de 1 à 4 verres, de 5 à 9 verres et de 10 verres ou plus. (Par exemple, notre client Robert a inscrit 3 vis-à-vis de « 1 à 4 verres », 6 vis-à-vis de « 5 à 9 verres » et 10 vis-à-vis de « 10 verres ou plus ». Voir le modèle de tableau rempli ci-après.)

3. COLONNE A X B : TOTAUX

Multipliez les chiffres qui figurent dans la colonne A par ceux de la colonne B et inscrivez le résultat pour chaque degré de consommation. Puis, additionnez les trois totaux pour obtenir le nombre total de verres au cours des 28 derniers jours.

4. DIVISEZ LE TOTAL DES VERRES PAR 4 POUR OBTENIR VOTRE MOYENNE HEBDOMADAIRE. INSCRIVEZ CE NOMBRE DANS LE TABLEAU.

La consommation que vous venez d'inscrire constitue-t-elle un point de départ précis et valable pour le programme ? Rappelez-vous que vous voulez changer vos habitudes. Revoyez vos chiffres pour vous assurer qu'ils sont exacts.

Si les 28 derniers jours ne représentent pas votre consommation typique, refaites l'exercice en utilisant la période de quatre semaines de l'année écoulée qui représente le mieux votre consommation typique.

EXEMPLE

Avant de continuer, regardez le tableau ci-dessous que Robert, l'un de nos clients, a rempli. Utilisez-le comme guide pour vous assurer de bien remplir votre tableau.

	NOMBRE DE JOURS (A)		NOMBRE HABI-TUEL DE VERRES (B)		TOTAUX (A × B)
Jours sans alcool	4				
1 à 4 verres	9	×	3	=	27
5 à 9 verres	14	×	6	=	84
10 verres ou plus	1	×	10	=	10
	(= 28 jours)				
			Nombre total de verres (28 jours)		121
			Moyenne hebdomadaire (nombre total de verres ÷ 4 semaines)		30

Quelle est ma situation ?

CONSOMMATION D'ALCOOL CHEZ LES ADULTES ONTARIENS

Comparez votre moyenne hebdomadaire à celle des Ontariens. Selon un sondage téléphonique par échantillons aléatoires effectué par le Centre de toxicomanie et de santé mentale en 2009 :

21,1 % des adultes ne boivent pas ;
74,0 % boivent de 1 à 14 verres par semaine ;
2,5 % boivent de 15 à 21 verres par semaine ;
2,4 % boivent 22 verres ou plus par semaine.

Les déclencheurs de la consommation excessive

Cette étape aidera à reconnaître les situations qui ont tendance à provoquer chez vous une consommation excessive. Nous appelons ces situations des « déclencheurs ». Nous en expliquons les raisons dans la troisième partie : Questions souvent posées. Il serait utile que vous lisiez l'information de base contenue dans la troisième partie avant de poursuivre votre évaluation.

Il est essentiel que vous connaissiez vos « déclencheurs » pour atteindre votre objectif. Voici pourquoi :
- Vous serez en mesure de prévoir une situation ou une émotion qui vous a poussé à trop boire ; par exemple, vous vous sentez seul pendant la fin de semaine. Vous pourrez ensuite faire en sorte de vous tenir occupé et éviter de boire ou de boire trop.
- Vous pouvez trouver des moyens de respecter vos limites en présence de l'alcool, par exemple, lors d'une soirée, dans un bar avec des amis ou en voyage d'affaires.
- Vous pouvez éviter les situations où vous savez que vous serez tenté de trop boire. Ainsi, vous pourrez éviter d'assister à des événements où la tentation de prendre un verre sera sans doute grande.

Les déclencheurs mentionnés dans les pages qui suivent sont ceux que nos clients ont le plus souvent identifiés. Ils sont classés en trois catégories principales qui correspondent à trois raisons de boire :
1. boire pour faire face aux sentiments négatifs et pour se simplifier la vie ;
2. boire pour le plaisir ;
3. boire par habitude.

Vous trouverez peut-être cela difficile, mais soyez persévérant. Cet exercice est un outil important pour votre réussite.

LES DÉCLENCHEURS QUI ME POUSSENT À BOIRE TROP

Vous trouverez ci-après une liste des situations et circonstances qui ont poussé nos clients à boire plus qu'ils ne le voulaient.

Lisez la liste attentivement et cochez ☑ uniquement les situations où vous avez trop bu au cours de la dernière année, même si cela ne s'est produit qu'une seule fois.

J'AI BU POUR FAIRE FACE AUX SENTIMENTS NÉGATIFS :

☐ quand je me sentais démoralisé ou déprimé ;
☐ quand j'étais en colère contre moi-même ou quelqu'un d'autre ;
☐ quand je m'ennuyais ;
☐ quand quelque chose m'angoissait ;
☐ quand j'étais triste et que je m'apitoyais sur mon sort ;
☐ quand j'étais contrarié parce que les choses n'allaient pas comme je le souhaitais ;
☐ quand je me sentais coupable d'avoir fait ou de n'avoir pas fait quelque chose ;
☐ quand je me sentais stressé ou fatigué ;
☐ quand je me sentais rejeté par quelqu'un que j'aimais bien ;
☐ quand ma famille, mon patron ou mes amis me critiquaient ;
☐ quand je me sentais seul ;
☐ autres sentiments négatifs : _____

J'AI BU POUR M'AIDER À :

☐ calmer la colère ou la frustration ;
☐ être plus sociable ;
☐ parler aux étrangers ;
☐ avoir des relations sexuelles ;
☐ exprimer de l'affection ou d'autres émotions ;
☐ me défendre ;
☐ accomplir des tâches ennuyeuses ;
☐ dormir ;
☐ calmer une douleur physique ;
☐ me débarrasser d'une gueule de bois ;
☐ autre chose : _____

IL M'EST ARRIVÉ DE TROP BOIRE, PAR PLAISIR :

☐ pour ressentir l'euphorie ;
☐ pour être euphorique parce que mes amis l'étaient ;
☐ dans des soirées ;
☐ parce que j'aime le goût de l'alcool ;
☐ au cours de célébrations spéciales comme des mariages ou des anniversaires ;
☐ pour profiter des réunions de famille ;
☐ en mangeant ;
☐ après que quelque chose d'agréable m'était arrivé et que j'avais envie de fêter ;
☐ après avoir fait de l'exercice physique ;
☐ pendant des activités récréatives comme la pêche ou une partie de cartes ;
☐ lorsque j'ai rendu visite à des amis ou que j'ai reçu quelqu'un chez moi ;
☐ pendant mes vacances ;
☐ pour me récompenser d'avoir réussi quelque chose ou travaillé fort ;
☐ autres occasions : _____

IL M'EST ARRIVÉ DE TROP BOIRE, PAR HABITUDE :

☐ dès mon retour à la maison après le travail ;
☐ avec une personne ou un groupe de personnes en particulier ;
☐ après le travail ou après l'école avec les mêmes personnes ;
☐ en faisant les tâches domestiques ou au travail ;
☐ en regardant la télévision ;
☐ lorsque j'avais de l'alcool à portée de la main ;
☐ avec les repas (dîner, souper) ;
☐ lorsque certaines personnes m'invitaient à prendre un verre ;
☐ chaque fois qu'on m'offrait un verre ;
☐ autres occasions : _____

Examinez attentivement les situations que vous avez cochées. Ce sont les situations où vous risquez de trop boire. À partir de maintenant, vous devrez faire attention lorsque vous vous retrouverez dans ces situations. Pour vous aider à atteindre votre objectif, vous devrez trouver des moyens d'éviter de boire ou de trop boire dans ces circonstances.

Soyez conscient du fait que des événements moins fréquents comme les vacances, les voyages d'affaires ou les conférences peuvent eux aussi constituer des risques sérieux pour vous.

Évaluez les effets que l'alcool a sur vous

Nos clients nous ont dit que les symptômes et les problèmes physiques causés par l'alcool les avaient poussés à changer leurs habitudes de consommation. Après avoir réussi à maîtriser leur consommation d'alcool, leur santé et leur qualité de vie se sont améliorées.

MES SYMPTÔMES PHYSIQUES AU COURS DE LA DERNIÈRE ANNÉE

La liste qui suit contient les symptômes éprouvés en buvant ou immédiatement après avoir trop bu. Lisez-la et cochez les réponses qui s'appliquent à votre situation.

• Fréquemment – Ce symptôme s'est manifesté presque chaque semaine.
• À l'occasion – Ce symptôme s'est manifesté une ou deux fois par mois ou moins souvent.
• Jamais – Ce symptôme ne s'est jamais manifesté.

	FRÉQUEMMENT	À L'OCCASION	JAMAIS
Difficulté à m'endormir	☐	☐	☐
Réveil durant la nuit	☐	☐	☐
Mal de tête ou gueule de bois	☐	☐	☐
Nausées, vertiges, vomissements	☐	☐	☐
Crampes d'estomac, diarrhée	☐	☐	☐
Battements cardiaques accélérés	☐	☐	☐
Tremblements des mains	☐	☐	☐
Sueurs, surtout le soir	☐	☐	☐
Troubles de la mémoire	☐	☐	☐
Difficulté à se concentrer	☐	☐	☐
Sautes d'humeur ou changements de personnalité (irritabilité, plus d'entregent)	☐	☐	☐
Lassitude, fatigue	☐	☐	☐

Ces symptômes disparaîtront immédiatement ou quelques jours après avoir diminué ou arrêté votre consommation d'alcool.

MES PROBLÈMES AU COURS DE LA DERNIÈRE ANNÉE

Après que nos clients ont arrêté de boire ou diminué leur consommation, ils se sont sentis habituellement en meilleure santé et mieux dans leur peau. Leurs relations à la maison et au travail ont eu tendance à s'améliorer de façon spectaculaire.

Si vous avez déjà perdu un conjoint ou un emploi à cause de votre consommation d'alcool, le fait de diminuer votre consommation ou d'arrêter de boire aujourd'hui ne réparera pas les dommages déjà faits, mais cela peut vous permettre d'éviter que ces problèmes ne se reproduisent.

Comment votre consommation d'alcool vous a-t-elle nui au cours de la dernière année ? Voici une liste des aspects de votre vie qui ont peut-être été touchés. Dans l'espace prévu à cette fin, inscrivez des exemples qui se rapportent à votre situation.

Santé physique (p. ex., maladie ou accidents) : _____

_____

_____

_____

Santé émotionnelle (p. ex., dépression, dégoût de soi) : _____

_____

_____

_____

Rendement au travail (p. ex., absences, détérioration du rendement, plaintes du superviseur, des collègues ou des délégués syndicaux) :

_____

_____

_____

Relations importantes (p. ex., plaintes de la famille, conflits au sujet de l'alcool avec des parents ou des amis) : _____

_____

_____

_____

Passe-temps et loisirs (p. ex., avoir délaissé ou réduit ses activités physiques ou récréatives et autres passe-temps) : _____

_____

_____

_____

Problèmes financiers (p. ex., trop d'argent consacré à l'alcool. La plupart de nos clients étaient étonnés de voir que ces dépenses pouvaient s'élever à des milliers de dollars par année.) : _____

_____

_____

_____

Problèmes judiciaires (p. ex., conduite avec facultés affaiblies ou voies de fait, que des accusations aient été portées ou non) : _____

_____

_____

_____

Confirmez votre engagement

Ayant fait le point, répondez maintenant à ces questions :

L'alcool menace-t-il ma santé ? Si oui, comment ? _____

_____

_____

_____

Pourquoi devrais-je changer mes habitudes de consommation d'alcool dès maintenant ? (Énumérez vos raisons. En cas de doute, revoyez vos réponses aux questions posées dans les sections « Mes symptômes physiques » et « Mes problèmes », pages 25 à 28.) _____

_____

_____

_____

Quelles sont mes autres priorités qui pourraient m'empêcher de changer mes habitudes de consommation d'alcool ? _____

_____

_____

_____

Comment ferai-je pour que mon objectif d'arrêter de boire ou de réduire ma consommation d'alcool demeure l'une des choses les plus importantes au cours des prochains mois ? _____

_____

_____

_____

Vais-je utiliser le présent guide ou trouver un autre moyen pour faire face à mon problème lié à l'alcool ? _____

_____

_____

_____

Deuxième étape : Fixez votre premier objectif et découvrez comment vous faites face aux envies de boire

Cette étape vous aidera à :
- fixer votre premier objectif ;
- repérer les stratégies qui vous aideront à atteindre cet objectif ;
- déterminer les moyens de faire face aux envies de boire ;
- évaluer vos progrès après deux semaines de participation au programme.

Il faut habituellement deux semaines pour franchir cette étape. Voyez ces deux semaines comme une période d'adaptation rapide. C'est normalement pendant cette période que les changements les plus spectaculaires surviennent. Les efforts que vous déploierez dans le cadre du programme favoriseront votre succès à long terme.

Moyens d'arrêter de boire ou de réduire votre consommation

Il existe différents moyens d'arrêter de boire ou de réduire votre consommation. Si vous ne vous êtes pas fixé d'objectif définitif, ne vous en faites pas. Les deux premières semaines du programme vous aideront à faire le bon choix. Ne prenez pas de décision hâtive ; c'est trop important.

Voici quelques façons d'arrêter de boire ou de réduire votre consommation :
- Vous pouvez diminuer graduellement votre consommation, jusqu'à l'abstinence ou la modération.
- Vous pouvez commencer à boire avec modération ou arrêter de boire d'un coup sec à partir du premier jour du programme, et vous en tenir à votre décision pour de bon.
- Vous pouvez vous abstenir de boire pendant les deux premières semaines du programme, puis décider de continuer à ne plus boire du tout ou de boire avec modération.

Nous vous conseillons fortement de vous abstenir de boire pendant les deux premières semaines du programme pour plusieurs raisons :
- **Pour augmenter vos chances de réussite.** Les clients qui s'abstiennent pendant les deux premières semaines du programme réussissent habituellement mieux à atteindre leur objectif à long terme.
- **Pour améliorer votre santé.** Les clients qui s'abstiennent pendant les deux premières semaines se disent plus en forme et plus énergiques, et affirment dormir mieux.
- **Pour améliorer vos facultés mentales.** La consommation excessive et répétée d'alcool entrave votre capacité de penser, mais vos facultés mentales s'aiguiseront rapidement après deux semaines d'abstinence. Il est important d'avoir l'esprit clair lorsqu'on acquiert un nouveau comportement.
- **Pour réduire votre accoutumance à l'alcool.** Un grand nombre de clients qui ont arrêté de boire pendant deux semaines au début du programme (et qui sont parvenus à atteindre leur objectif de modération) nous ont dit qu'ils ont ressenti un effet plus intense après deux ou trois verres lorsqu'ils ont recommencé à boire que ce qu'ils ressentaient avant cette période d'abstinence. Si votre accoutumance à l'alcool est plus faible, il vous sera plus facile de diminuer votre consommation.
- **Pour vous aider à repérer les meilleures techniques à utiliser pour faire face aux envies de boire.** Si vous pratiquez l'abstinence, vous ressentirez probablement l'envie de boire. En faisant face à cette envie, vous découvrirez les situations dans lesquelles vous risquez de trop boire et les meilleurs moyens d'y faire face.

Le fait de m'abstenir de boire pendant les deux premières semaines devrait-il m'inquiéter ?

Environ la moitié de nos clients ont été capables de s'abstenir de boire complètement pendant les deux premières semaines. Les personnes qui ont continué à boire l'ont fait à cause des facteurs suivants :

• **Événements spéciaux** – Certains clients avaient des anniversaires, des mariages ou d'autres événements spéciaux et voulaient prendre un ou deux verres pour célébrer.

• **Peur d'échouer** – Certains clients croyaient qu'ils ne pouvaient atteindre leur objectif qu'en procédant par étapes. Lorsque l'objectif était trop difficile à atteindre, ils craignaient d'échouer et préféraient réduire leur consommation progressivement.

• **Inquiétudes concernant les symptômes de sevrage** – D'autres clients préféraient diminuer leur consommation progressivement parce qu'ils ne voulaient pas éprouver les symptômes de sevrage. Habituellement, ces clients buvaient 10 verres ou plus chaque jour depuis trois mois au moins. Chez les personnes qui « commencent » à avoir un problème lié à l'alcool, la consommation est habituellement moins importante.

Même si vous ne buvez pas de manière excessive, vous pourriez éprouver de légers symptômes de sevrage si vous arrêtez de boire ou diminuez votre consommation abruptement : angoisse, tremblements des mains, sueurs ou insomnie. Ces symptômes peuvent être désagréables, mais ils ne durent pas longtemps et ne sont pas pires qu'une grippe.

Pour traverser plus facilement cette période, il vaut mieux rester calme et obtenir le soutien moral d'un ami ou d'un membre de la famille. N'oubliez pas qu'« à vaincre sans péril, on triomphe sans gloire ».

Si vous ressentez des symptômes de sevrage graves, rendez-vous au service d'urgence de l'hôpital le plus proche. Il s'agit des symptômes graves suivants :

- tremblements intenses – impossible de tenir un verre ou une tasse sans en renverser le contenu ;
- transpiration excessive et sensation de chaleur intense ;
- envie de vomir après chaque repas ;
- manque d'appétit et peur de manger ;
- confusion mentale – par exemple, vous perdez la notion du temps et ne savez plus où vous vous trouvez ;
- hallucinations – vous entendez, voyez ou sentez des choses qui n'existent pas ;
- convulsions – perdre connaissance et apprendre plus tard que vous avez eu des convulsions.

Rappelez-vous que ce programme ne s'adresse pas aux personnes qui ont des problèmes graves d'alcool. Si vous avez un trouble grave d'alcool, vous devriez demander l'aide et les conseils d'un spécialiste. Dans ce cas, ne cessez pas de boire du jour au lendemain si vous avez déjà eu des convulsions ou si vous êtes enceinte. Consultez la section sur les ressources pour le traitement à la page 109.

Fixez votre premier objectif

Au cours des deux prochaines semaines, je veux :
- ☐ A) m'abstenir complètement de boire ;
- ☐ B) réduire ma consommation progressivement en diminuant la quantité d'alcool que je bois ou la fréquence à laquelle je bois, ou les deux ;
- ☐ C) m'abstenir de boire, sauf à l'occasion d'un ou de deux événements spéciaux où je prendrai un ou deux verres. Voici les événements auxquels je prévois assister : _____

_____

_____

Si vous choisissez l'option B) ou C), inscrivez, dans les espaces prévus à cette fin, les limites que vous jugez réalistes pour votre consommation. Si vous décidez de vous abstenir complètement, inscrivez « o ».

	SEMAINE 1	SEMAINE 2
Nombre maximum de jours où je boirai	_____ jours	_____ jours
Nombre maximum de verres d'alcool que je prendrai par jour	_____ verres	_____ verres
Nombre maximum de verres d'alcool que je prendrai par semaine	_____ verres	_____ verres

Ai-je confiance en ma capacité d'atteindre cet objectif ?

Si vous croyez pouvoir atteindre votre objectif, allez-y.

Si vous n'en êtes pas sûr, revoyez votre objectif et fixez des limites plus réalistes. Par exemple, si vous songez à vous abstenir complètement, mais jugez qu'une période de deux semaines est trop longue, engagez-vous à vous abstenir pendant une semaine. Après cette semaine d'abstinence, vous pourrez décider ce que vous voulez faire pendant la deuxième semaine.

Si vous décidez de réduire progressivement votre consommation d'alcool, assurez-vous que vos objectifs sont réalistes, mais stimulants. Par exemple, la première semaine, vous pourriez réduire de deux ou trois verres la quantité quotidienne d'alcool que vous buvez ; la deuxième semaine, vous pourriez réduire davantage le nombre de verres que vous buvez et augmenter le nombre de jours d'abstinence.

Stratégies pour atteindre votre premier objectif

PRENEZ NOTE DE VOTRE CONSOMMATION

La plupart de nos clients ont mentionné cette stratégie comme l'une des plus importantes pour atteindre leur objectif. Il s'agit de tenir un registre quotidien des jours où vous buvez et de ceux où vous ne buvez pas. Grâce à ce registre :

• vous aurez l'impression d'avoir un plus grand contrôle ;
• vous comprendrez mieux les situations où vous êtes tenté de dépasser vos limites ;
• vous aurez le sentiment et la fierté d'avoir accompli quelque chose au fil des semaines et des mois.

Utilisez le journal de bord se trouvant à l'annexe (page 95) pour consigner vos données. Cette stratégie est un élément essentiel du programme.

CHOISISSEZ DES STRATÉGIES QUI VOUS CONVIENNENT

Voici quelques stratégies que nos clients ont trouvé utiles lorsqu'ils ont tenté d'atteindre leur premier objectif. Si, par le passé, vous avez tenté de réduire votre consommation d'alcool, vous avez probablement déjà fait appel à ces stratégies, et certaines se sont peut-être avérées utiles. Révisez la liste et cochez ☑ les stratégies qui, selon vous, faciliteront l'atteinte de votre objectif. Prenez note des autres stratégies qui ont été utiles auparavant ou qui semblent prometteuses aujourd'hui.

☐ N'achetez pas d'alcool au cours des deux prochaines semaines.
☐ Ne gardez pas d'alcool à la maison ou à la vue.
☐ Gardez une réserve de vos boissons non alcoolisées préférées.
☐ Évitez les amis qui boivent beaucoup.
☐ Obtenez le soutien d'amis ou de membres de la famille.
☐ Consacrez votre temps à autre chose qu'à boire. Trouvez des

activités intéressantes que vous avez toujours voulu entreprendre ou faites quelque chose qui vous procurera un sentiment de plénitude.
☐ Déterminez quelles situations vous devriez éviter.
☐ Répétez-vous souvent les raisons pour lesquelles vous voulez changer vos habitudes de consommation d'alcool et comment cette décision améliorera votre vie lorsque vous aurez réussi.

Prenez note des stratégies prometteuses : _____
_____
_____
_____
_____

TENEZ UN REGISTRE DES MOYENS QUE VOUS PRENDREZ POUR FAIRE FACE AUX ENVIES DE BOIRE

Que vous décidiez de vous abstenir complètement ou de réduire progressivement votre consommation au cours des deux prochaines semaines, vous serez probablement tenté de dépasser les limites que vous vous êtes fixées et de boire plus que prévu.

L'envie de boire est mise en branle par vos « déclencheurs », les situations et circonstances qui vous donnent envie de boire, et elle est plus susceptible de survenir dans des situations où vous aviez l'habitude de boire.

Connaître ces situations peut vous aider à :
• mieux comprendre vos déclencheurs ;
• découvrir votre réaction spontanée face à l'envie de boire excessivement ; ce faisant, vous pourrez atteindre votre objectif plus rapidement et plus facilement.

Utilisez le journal de bord se trouvant en annexe (page 101) pour consigner les façons de composer avec les tentations de dépasser votre limite de consommation.

Il est difficile de vaincre l'envie de boire, particulièrement lorsque vous commencez tout juste à vous débarrasser de cette habitude. Mais rappelez-vous que chaque fois que vous résistez à l'envie de boire, l'alcool relâche son emprise sur vous et vous vous rapprochez de votre objectif.

Façons de faire face aux envies de boire

Dans les exemples suivants, on montre comment consigner les renseignements pertinents dans votre journal de bord. N'oubliez pas que les meilleures méthodes sont les plus simples et les plus directes.

Robert est allé chez Pierre pour regarder un match de hockey à la télé. Il était déterminé à ne pas boire du tout pendant la semaine. Cependant, quand Pierre lui a offert une bière, Robert a été tenté. Il s'est rendu compte qu'il devait prendre une décision difficile.

DESCRIPTION DE MON ENVIE DE BOIRE

Heure _____21 h 30_____ Lieu _____chez un ami_____ J'étais avec _____Pierre et George_____

Mes sentiments _____agité et frustré_____

CE QUE J'AI FAIT

Je me suis dit _____Je me suis promis que je ne boivais pas cette semaine._____

Voici ce que j'ai fait pour résister à l'envie de boire _____J'ai demandé une boisson gazeuse à Pierre._____

Quand on m'a offert de l'alcool, j'ai refusé en disant _____Je ne bois pas aujourd'hui._____

MA MÉTHODE A-T-ELLE ÉTÉ EFFICACE ? ☒ Oui ☐ Non

JOURNAL DE BORD : COMMENT JE FAIS FACE AUX ENVIES DE BORD

En fin de journée, Marie s'est fait critiquer par sa patronne. Elle est contrariée parce qu'elle n'a pas eu la chance de raconter sa version des faits. De retour à la maison, Marie s'est remémoré l'incident. Elle est alors devenue furieuse et a eu envie de prendre un verre pour calmer ses émotions.

DESCRIPTION DE MON ENVIE DE BOIRE

Heure _____ 19 h 30 _____ Lieu _____ `a la maison _____ J'étais avec _____ seule

Mes sentiments _____ contrariée et en colère

CE QUE J'AI FAIT

Je me suis dit _____ Je ne devrais pas laisser ces sentiments _____ m'envahir. Boire ne changera rien.

Voici ce que j'ai fait pour résister à l'envie de boire _____ J'ai écrit une liste d'arguments et j'ai _____ demandé conseil `a un ami.

Quand on m'a offert de l'alcool, j'ai refusé en disant _____

MA MÉTHODE A-T-ELLE ÉTÉ EFFICACE ? ☒ Oui ☐ Non

JOURNAL DE BORD : COMMENT JE FAIS FACE AUX ENVIES DE BOIRE

Claude avait décidé de ne pas boire plus de deux verres à la soirée. Il a fait attention et vers la fin de la soirée, il avait atteint sa limite. Après une petite accalmie, la fête a repris de plus belle. Tout le monde buvait et Claude a ressenti une très forte envie de prendre un autre verre et de se joindre au groupe.

DESCRIPTION DE MON ENVIE DE BOIRE

Heure _____ minuit _____ Lieu _____ chez des amis _____ J'étais avec _____ un groupe d'amis

Mes sentiments _____ de bonne humeur; j'avais l'esprit `a la fête.

CE QUE J'AI FAIT

Je me suis dit _____ Je me suis bien comporté toute la soirée; un verre _____ de plus ne me fera pas de tort.

Voici ce que j'ai fait pour résister à l'envie de boire _____ Rien. J'ai fini par trop boire.

Quand on m'a offert de l'alcool, j'ai refusé en disant _____ Rien. J'ai accepté.

MA MÉTHODE A-T-ELLE ÉTÉ EFFICACE ? ☐ Oui ☒ Non

JOURNAL DE BORD : COMMENT JE FAIS FACE AUX ENVIES DE BOIRE

Jeanne tente d'arrêter de boire avant le souper. Elle arrive chez elle après une dure journée de travail et après avoir été coincée près de deux heures dans un embouteillage. Elle se met à penser qu'elle prendrait bien un verre pour se détendre.

DESCRIPTION DE MON ENVIE DE BOIRE

Heure _____ 18 h _____ Lieu _____ `a la maison _____ J'étais avec _____ seule _____

Mes sentiments _____ contrariée et tendue _____

CE QUE J'AI FAIT

Je me suis dit _____ Est-ce que j'ai vraiment besoin d'un _____
_____ verre pour me détendre ? _____

Voici ce que j'ai fait pour résister à l'envie de boire _____ Je suis allée faire une promenade. _____

Quand on m'a offert de l'alcool, j'ai refusé en disant _____

MA MÉTHODE A-T-ELLE ÉTÉ EFFICACE ? ☒ Oui ☐ Non

JOURNAL DE BORD : COMMENT JE FAIS FACE AUX ENVIES DE BOIRE

J'ai découvert que je peux résister aux envies de boire !

Consignez les méthodes que vous avez trouvé efficaces pour résister à l'envie de dépasser la limite que vous vous étiez fixée et de boire plus que prévu.

Voici les meilleurs moyens de résister à l'envie de dépasser la limite et de boire plus que prévu : _____
_____
_____
_____

Voici les meilleurs moyens de dire « NON » quand on m'invite à boire : _____
_____
_____
_____

Voici ce que je fais pour éviter de boire ou de trop boire : _____
_____
_____
_____

ÉVALUEZ VOS PROGRÈS APRÈS DEUX SEMAINES ENVIRON

Si vous vous abstenez de boire depuis deux semaines ou si vous avez considérablement réduit votre consommation, vous êtes probablement prêt à fixer un objectif à long terme. Passez à la troisième étape.

Cependant, si à la fin de la deuxième ou de la troisième semaine vous n'avez pas réussi à réduire considérablement votre consommation d'alcool, c'est probablement pour l'une ou l'autre des raisons suivantes :

1. Vous n'êtes peut-être pas entièrement déterminé à changer vos habitudes de consommation d'alcool. Réévaluez vos raisons et revoyez la section « Faites le point » (première étape).

2. Vous n'avez peut-être pas consacré suffisamment de temps et d'énergie à la réalisation de votre objectif. Pensez de nouveau à la priorité que vous êtes prêt à accorder au changement de vos habitudes de consommation d'alcool. Y avez-vous travaillé tous les jours ?

3. Votre problème lié à l'alcool est peut-être plus grave que vous ne le pensiez.

Si vous pensez que votre problème lié à l'alcool est plus grave que prévu, vous avez peut-être besoin d'une aide plus soutenue que celle que ce programme peut offrir. Nous vous conseillons d'obtenir l'aide d'un spécialiste. Vous trouverez des renseignements sur la recherche de traitements offerts dans votre collectivité à la page 109.

Troisième étape : Fixez votre objectif à long terme

Cette étape vous aidera à :
• choisir votre objectif à long terme et la meilleure façon de l'atteindre ;
• préciser vos limites quant à la consommation d'alcool (si vous choisissez de réduire votre consommation) au moyen des directives sur la « consommation modérée d'alcool ».

N'oubliez pas que l'objectif global du programme est de vous aider à éviter les problèmes découlant de la consommation d'alcool. Vous pouvez y parvenir en arrêtant complètement de boire ou en apprenant à boire avec modération.

Les pour et les contre de l'abstinence et de la modération

Cet exercice vous donnera une idée des raisons pour lesquelles certaines personnes privilégient l'abstinence et d'autres, la modération. Vous aurez probablement votre propre liste de pour et de contre ; tenez-en compte également.

Abstinence

POUR	CONTRE
• Vos amis et les membres de votre famille qui ont souffert à cause de votre consommation d'alcool appuieront probablement cette démarche.	• Vous vous « démarquerez » peut-être dans un groupe de personnes qui boivent.
• C'est une solution logique si vous buviez surtout pour vous enivrer.	• Certains pourraient croire que vous ne pouvez pas maîtriser votre consommation d'alcool.
• Vous ferez des économies si vous cessez d'acheter de l'alcool.	• Vous serez amené à consommer moins de variétés de boissons.
• Vous pourrez éviter les dangers lies à l'alcool.	

Modération

POUR	CONTRE
• Il serait plus facile de vous joindre aux personnes qui boivent surtout lors d'activités sociales.	• La consommation d'alcool, aussi minime soit-elle, présente des risques.
• La modération témoigne du fait que vous maîtrisez votre consommation d'alcool.	• Vous devez mesurer, compter et consigner ce que vous buvez.
• Vous pouvez encore prendre un verre.	• Vos amis et les membres de votre famille pourraient être préoccupés à cause de vos problèmes antérieurs.

Avant de fixer votre objectif à long terme, songez aux pour et aux contre de chaque objectif et lisez les directives sur la consommation modérée ci-après. Notez tout autre facteur qui pourrait s'appliquer à votre situation.

Notes : _____

_____

_____

_____

_____

_____

Qu'est-ce que la consommation modérée ?

On entend par une consommation modérée une consommation d'alcool qui ne vous empêche pas de vous acquitter de vos responsabilités à la maison, au travail ou à l'école, qui ne nuit pas à vos relations importantes et qui réduit le plus possible le risque de maladies graves et de méfaits à votre endroit et envers autrui (p. ex., des blessures). Pour définir les objectifs de modération, nous avons utilisé les niveaux de consommation d'alcool suggérés dans les Directives de consommation d'alcool à faible risque du Canada*, publiées en 2012. Ils sont résumés ci-après :

- Chaque semaine, prévoyez des jours sans alcool. En général, les clients qui ont réussi le programme se sont abstenus de boire **trois** jours par semaine, ce qui les a aidés à délaisser l'habitude de boire.
- Fixez-vous des limites afin d'atténuer les risques à long terme pour votre santé. Les femmes ne devraient pas prendre plus de **10** verres par semaine et au plus **deux** verres par jour la plupart des jours. Quant à eux, les hommes ne devraient pas prendre plus de **15** verres par semaine et au plus **trois** verres par jour la plupart des jours.
- Fixez-vous des limites afin de réduire votre risque de blessures et de conséquences néfastes. Les femmes ne devraient pas prendre plus de **trois** verres par occasion et les hommes, pas plus de **quatre**.
- Ne vous enivrez pas. Ne buvez pas plus d'**un** verre à l'heure et pas plus de **deux** verres en trois heures.

* Fait intéressant, les limites de consommation d'alcool recommandées dans les nouvelles directives nationales, qui reposent sur des études sur la santé de populations et les maladies dont elles ont souffert, sont semblables aux limites que nous recommandions en 1987 et qui reposaient sur les résultats obtenus par nos clients ayant réussi le programme (voir la page 3). Pour plus de renseignements sur les Directives de consommation d'alcool à faible risque du Canada, consulter le site www.ccsa.ca.

- Ne buvez pas pour faire face à vos problèmes (p. ex., parce que vous vous ennuyez, parce que vous êtes anxieux ou pour vous donner du courage).
- Ne faites pas de l'alcool un élément important de vos loisirs.
- Ne buvez jamais d'alcool avant ou durant des activités risquées (p. ex., en conduisant une voiture ou un bateau, à la plage ou à la piscine, ou en utilisant des machines).

Remarques importantes :
Les limites quotidiennes et hebdomadaires sont des **limites maximales, non des cibles**. La consommation d'alcool comporte toujours des risques. Moins vous buvez, moins vous courez de risques.

Parfois, il est préférable de s'abstenir de boire. Par exemple, si vous êtes enceinte, prévoyez le devenir ou êtes sur le point d'allaiter ; si vous prenez des médicaments qui interagissent avec l'alcool ou avez un trouble de santé pouvant être aggravé par l'alcool ; si vous êtes responsable de la sécurité d'autrui ou devez prendre des décisions importantes ; ou si vous n'avez pas l'âge légal pour consommer de l'alcool, ne buvez pas.

Si les effets de votre consommation d'alcool sur votre santé physique ou mentale vous préoccupent, consultez un médecin.

Fixez votre objectif à long terme

Si vous avez réussi à ne pas boire du tout ou à réduire votre consommation pendant les deux premières semaines, vous êtes probablement prêt à fixer votre objectif à long terme. Gardez à l'esprit que la décision que vous prenez maintenant n'est pas coulée dans le béton et que, en cours de route, vous déciderez peut-être de modifier votre objectif. Cependant, ces changements ne devraient être faits qu'après mûre réflexion, et non sous le coup d'une impulsion.

Faites votre choix :

☐ Abstinence

Si vous avez choisi d'arrêter de boire complètement et ne buvez plus du tout, passez aux étapes 4 et 5. Le programme *C'est assez !* vous aidera à maintenir votre abstinence.

☐ Modération

Si vous avez choisi de boire avec modération et que vous ne vous êtes pas abstenu pendant les deux premières semaines du programme, mais avez réduit votre consommation, il serait bon d'envisager de réduire votre consommation encore plus avant de fixer votre objectif à long terme. Par contre, si vous vous êtes abstenu pendant les deux premières semaines ou si vous êtes prêt à fixer votre objectif à long terme, faites-le maintenant.

Il vaut mieux que vous demeuriez dans les limites de la consommation modérée (voir page 45). Précisez votre objectif comme suit :

Nombre maximal de verres d'alcool que je boirai par jour : _____ verres

Nombre maximal de jours où je boirai au cours d'une semaine : _____ jours

Nombre maximal de verres d'alcool que je boirai par semaine : _____ verres

Boissons que je boirai : _____

SITUATIONS DANGEREUSES

Quelles sont les situations où je risque de dépasser les limites que je me suis fixées ? (Revoyez vos déclencheurs et rappelez-vous qu'il est toujours dangereux de boire pour faire face aux difficultés.) _____

_____

_____

_____

_____

SITUATIONS NON DANGEREUSES

Quelles sont les situations où je pourrais boire par plaisir, par goût, pour agrémenter un repas ou simplement à une rencontre avec des amis ? (Assurez-vous qu'il s'agit de situations où vous pouvez boire modérément.) _____

_____

_____

_____

Pendant _____ semaines, je vais déterminer si cet objectif convient à mon mode de vie.

VÉRIFIEZ VOTRE CONFIANCE EN VOUS

Êtes-vous sûr de pouvoir respecter les limites que vous vous êtes fixées dans le cadre de votre objectif ? Si vous n'êtes pas certain de pouvoir atteindre votre objectif, fixez-le à un niveau qui vous convient mieux.

Apprendre à boire modérément d'une manière qui convienne à votre mode de vie ne se fera pas du jour au lendemain et sans effort. Adaptez sans cesse votre objectif pour minimiser les problèmes éventuels. Rappelez-vous que la modération suppose l'abstinence certains jours et une consommation se situant dans les limites précisées dans les directives certains autres jours.

EXEMPLES D'OBJECTIFS À LONG TERME

Voici des exemples d'objectifs que des clients ayant réussi le programme se sont fixés :

Consommation modérée ordinaire

Nombre maximal de verres d'alcool que je boirai par jour : ___3___ verres

Nombre maximal de jours où je boirai au cours d'une semaine : ___4___ jours

Nombre maximal de verres d'alcool que je boirai par semaine : ___10___ verres

SITUATIONS DANGEREUSES

Pour me distraire

Pour plaire `a mes amis lors de soirées

Pour m'aider `a dormir

SITUATIONS NON DANGEREUSES

Lors de repas spéciaux

Pendant des rencontres avec des amis

Consommation légère ordinaire

Nombre maximal de verres d'alcool que je boirai par jour : _____ 2 verres

Nombre maximal de jours où je boirai au cours d'une semaine : _____ 5 jours

Nombre maximal de verres d'alcool que je boirai par semaine : _____ 9 verres

SITUATIONS DANGEREUSES

Pour faire face aux contrariétés

Pour me détendre après le travail

Pour me sentir plus `a l'aise avec les gens

SITUATIONS NON DANGEREUSES

Aux repas

Quand je rends visite `a des amis

Consommation légère occasionnelle

Nombre maximal de verres d'alcool que je boirai par jour : _____ 2 verres

Nombre maximal de jours où je boirai au cours d'une semaine : _____ 2 jours

Nombre maximal de verres d'alcool que je boirai par semaine : _____ 3 verres

SITUATIONS DANGEREUSES

Pour m'affirmer

Pour me sentir euphorique

Quand je suis seul

SITUATIONS NON DANGEREUSES

Célébrations spéciales

Sorties spéciales

Quatrième étape :
Élaborez des stratégies pour parvenir à l'abstinence ou à la modération

Examinez les cinq stratégies que nos clients trouvent les plus utiles pour faire face à leur problème lié à l'alcool. Ces stratégies pourront vous aider à atteindre votre objectif.

• Prenez note de la quantité d'alcool que vous buvez.
• Équilibrez votre consommation.
• Prévoyez comment vous éviterez de boire excessivement.
• Adonnez-vous à des loisirs et à d'autres activités.
• Trouvez des moyens de faire face aux problèmes sans boire.

Les clients qui ont utilisé ces stratégies régulièrement ont mieux réussi que les clients qui ne les ont utilisées qu'occasionnellement. Ces stratégies sont le point de départ pour l'élaboration d'un programme efficace au cours des quatre à six prochaines semaines. Pendant cette période, vous découvrirez quelles stratégies vous conviennent et peuvent vous aider à maintenir votre abstinence ou votre modération à long terme.

Prenez note de la quantité d'alcool que vous buvez

Comme nous l'avons déjà dit, le fait de prendre note de la quantité d'alcool consommé et des jours d'abstinence constitue la stratégie la plus utile, selon nos clients.

Nos recherches ont révélé que les clients qui ont tenu compte de leur consommation quotidienne pendant au moins trois mois ont mieux réussi à atteindre leur objectif et à le maintenir que les clients qui n'ont tenu un registre que pendant une courte période.

À la deuxième étape, vous avez appris comment utiliser le journal de bord. N'oubliez pas de mettre à jour vos données quotidiennement ; si vous ne vous fiez qu'à votre mémoire, vos registres seront moins exacts.

En tenant un registre quotidien de votre consommation et des jours d'abstinence, vous aurez toujours votre objectif en tête et augmenterez vos chances de l'atteindre.

EXEMPLE

Les registres qui suivent appartiennent à un client s'étant abstenu de boire pendant les deux premières semaines du programme. Il a ensuite choisi la modération comme objectif. Selon ses registres, le samedi de la troisième semaine, il a pris deux verres de plus que le nombre maximal qu'il s'était fixé et un verre de plus que le nombre maximal fixé pour la semaine. Pendant la quatrième semaine, il a bu une journée de plus que prévu. En revoyant ces registres, il a pu rectifier le tir pour les semaines suivantes.

JOURNAL DE BORD : MA CONSOMMATION D'ALCOOL

MON OBJECTIF POUR LA SEMAINE ___3___

Nᵇʳᵉ MAXIMAL DE VERRES PAR JOUR	3
Nᵇʳᵉ MAXIMAL DE JOURS DE CONSOMMATION CETTE SEMAINE	3
Nᵇʳᵉ MAXIMAL DE VERRES D'ALCOOL CETTE SEMAINE	9

	L	M	M	J	V	S	D	
Nᵇʳᵉ DE BOUT. DE BIÈRE DE 12 OZ	0	2	0	1	0	2	0	
Nᵇʳᵉ DE VERRES DE VIN DE 5 OZ	0	0	0	2	0	2	0	Nᵇʳᵉ TOTAL DE VERRES D'ALCOOL CETTE SEMAINE ▼
Nᵇʳᵉ DE VERRES DE VIN FORT. DE 3 OZ*	0	0	0	0	0	1	0	
Nᵇʳᵉ DE VERRES DE SPIRITUEUX DE 1,5 OZ	0	0	0	0	0	0	0	
Nᵇʳᵉ TOTAL DE VERRES D'ALCOOL PAR JOUR	0	2	0	3	0	5	0	10

* VIN FORTIFIÉ (p. ex., xérès, porto, vermouth)

JOURNAL DE BORD : MA CONSOMMATION D'ALCOOL

MON OBJECTIF POUR LA SEMAINE ___4___

Nᵇʳᵉ MAXIMAL DE VERRES PAR JOUR	3
Nᵇʳᵉ MAXIMAL DE JOURS DE CONSOMMATION CETTE SEMAINE	3
Nᵇʳᵉ MAXIMAL DE VERRES D'ALCOOL CETTE SEMAINE	9

	L	M	M	J	V	S	D	
Nᵇʳᵉ DE BOUT. DE BIÈRE DE 12 OZ	0	0	2	1	0	1	2	
Nᵇʳᵉ DE VERRES DE VIN DE 5 OZ	0	0	0	1	0	2	0	Nᵇʳᵉ TOTAL DE VERRES D'ALCOOL CETTE SEMAINE ▼
Nᵇʳᵉ DE VERRES DE VIN FORT. DE 3 OZ*	0	0	0	0	0	0	0	
Nᵇʳᵉ DE VERRES DE SPIRITUEUX DE 1,5 OZ	0	0	0	0	0	0	0	
Nᵇʳᵉ TOTAL DE VERRES D'ALCOOL PAR JOUR	0	0	2	2	0	3	2	9

* VIN FORTIFIÉ (p. ex., xérès, porto, vermouth)

Vous visez la modération ? Équilibrez votre consommation

Soyez conscient de la quantité d'alcool que vous buvez et de la vitesse à laquelle vous buvez. Si vous commencez à vous sentir euphorique, soyez sur vos gardes, parce que vous risquez de vous laisser aller et d'oublier votre objectif.

Mettez les stratégies suivantes en pratique pour garder les deux pieds sur terre quand vous prenez un verre :
• Mesurez toutes vos boissons.
• Diluez vos boissons (pour diminuer la teneur en alcool). Certaines

personnes se servent un demi-verre à la fois, bien dilué (par exemple, un « spritzer »).
- Buvez lentement.
- Laissez passer au moins une heure entre deux verres.
- Faites alterner boissons alcoolisées et boissons non alcoolisées.
- Évitez de boire sans manger.
- Évitez les cocktails qui contiennent plus d'un verre standard.

Une autre façon de modérer votre consommation d'alcool consiste à opter pour les boissons à faible teneur en alcool, comme les bières ou les vins légers. Voici quelques comparaisons de la teneur en alcool de certaines boissons :
- Les bières légères (3 à 4 % d'alcool) contiennent 20 % moins d'alcool que les bières ordinaires.
- Le vin léger (7 % d'alcool) contient 40 % moins d'alcool que le vin ordinaire à 12 %.
- Un verre contenant une once de spiritueux au lieu d'une once et demie contient 33 % moins d'alcool qu'un verre standard.

STRATÉGIES POUR ÉQUILIBRER MA CONSOMMATION

Voici les stratégies que j'entends suivre pour équilibrer ma consommation :

_____

_____

_____

Prévoyez comment vous éviterez de boire excessivement

Dans les situations où l'alcool est facilement accessible, un grand nombre de personnes ont de la difficulté à s'en tenir à la limite fixée. C'est également le cas dans les situations où on les encourage fortement à boire.

Quand vous commencez à vous abstenir ou à boire avec modération, vous devez prévoir la façon dont vous ferez face aux pressions quand vous participez à des événements sociaux. Prévoyez comment vous réagirez.

Avant de vous rendre à un événement social, vous devriez toujours :
• décider si vous boirez ou non ;
• planifier des moyens efficaces de dire « NON » à vous-même et aux autres ; vous devrez peut-être envisager différentes approches, l'une pour les personnes que vous connaissez et l'autre pour les personnes que vous ne connaissez pas.

Autres stratégies que vous pouvez songer à utiliser :
• Demandez à quelqu'un en qui vous avez confiance de vous aider à ne pas dépasser la limite. Cette personne pourra vous aider en vous servant un demi-verre ou une boisson non alcoolisée, ou encore en vous rappelant vos limites.
• Trouvez un moyen simple de comptabiliser avec précision les verres que vous buvez. Par exemple, vous pouvez faire passer une pièce de monnaie d'une poche à l'autre à chaque verre que vous prenez ou conserver la capsule de chaque bouteille que vous buvez dans votre poche.
• Soyez prêt à utiliser une bonne excuse pour vous sortir d'une situation difficile. Par exemple, « Non merci, je conduis » ou « Je ne bois pas ce soir ».

Apprenez à dire « NON » aux personnes qui vous invitent à prendre un verre. Cela peut être difficile, particulièrement quand elles insistent, mais vous pouvez y arriver. Soyez persévérant, mais poli.

SITUATIONS POUR LESQUELLES JE DEVRAI PRÉVOIR CE QUE JE FERAI

Inscrivez les situations où vous risquez de trop boire. Décrivez les moyens que vous prévoyez utiliser pour ne pas dépasser votre limite.

Situation A : _____

Mon plan : _____

_____

_____

_____

Situation B : _____

Mon plan : _____

_____

_____

_____

Situation C : _____

Mon plan : _____

_____

_____

_____

Situation D : _____

Mon plan : _____

_____

_____

_____

EXEMPLES

Voyez comment nos clients Line et Richard se sont préparés pour des situations où ils avaient déjà trop bu.

Line a décidé d'aller à la soirée organisée par la compagnie où elle travaille. Elle savait qu'un punch alcoolisé, ainsi que d'autres boissons seraient servis. Elle savait également que certains de ses collègues, qui buvaient trop de temps en temps, la pousseraient à boire. À d'autres soirées du même genre, Line s'était couverte de ridicule parce qu'elle avait trop bu. Elle a décidé que cela ne se reproduirait plus.

Situation : _Soirée de la compagnie_

Plan de Line : _Ne pas boire de punch ; ne boire que ce que je peux mesurer. Prendre des boissons gazeuses jusqu'à ce que je me sente à l'aise. Rester trois heures au maximum. Si on m'offre quelque chose à boire, demander de l'eau minérale. Demander à mon ami de venir me chercher._

Line a quitté la soirée tel que prévu, avec un sentiment de fierté.

Richard doit voyager pour affaires presque toutes les semaines, souvent outre-mer. Il a tendance à boire excessivement quand il voyage seul. Habituellement, il commence à boire à l'aéroport avant le décollage et continue pendant le vol et, à son arrivée, à sa chambre d'hôtel.

Situation : _Voyage d'affaires_

Plan de Richard : _Faire mes appels au salon de l'aéroport. Ne boire que du jus dans l'avion. Apporter ce qu'il faut pour faire de l'exercice ou de la natation à l'hôtel._

Après avoir mis son plan en pratique, Richard s'est aperçu que ses voyages d'affaires coûtaient moins cher et qu'ils étaient plus productifs.

S'adonner à des loisirs et à d'autres activités

Les clients qui ont appris à s'abstenir ou à boire avec modération ont fait un effort délibéré pour remplacer les heures qu'ils passaient à boire par d'autres activités. Dans bien des cas, les clients qui ont échoué n'ont pas remplacé les heures qu'ils passaient à boire par des activités qui leur étaient agréables ou leur procuraient un sentiment de satisfaction. Voir la section Loisirs et activités récréatives ci-après.

Que pouvez-vous faire au lieu de boire ?
• Faites des choses que vous aimez, comme aller au cinéma, faire de l'exercice, pratiquer un sport ou faire de l'artisanat. Vous pouvez également rendre visite à des amis qui ne vous encouragent pas à boire avec excès.
• Faites des choses qui vous procurent un sentiment de fierté et d'accomplissement, comme aider vos enfants à faire leurs devoirs, faire du bénévolat, reprendre le retard accumulé dans les tâches domestiques, aller magasiner ou faire du jardinage.

Il arrive souvent que les choses qui vous procurent un sentiment d'accomplissement soient également agréables.

LOISIRS ET ACTIVITÉS RÉCRÉATIVES

Inscrivez les activités que vous aimeriez pratiquer pendant les périodes où vous avez l'habitude de boire. Faites une liste complète et pensez aux temps libres que vous avez pendant les jours de travail et de congé.

Pour mettre un terme à vos habitudes de consommation excessive d'alcool, vous devrez peut-être effectuer des changements majeurs dans votre mode de vie. Si vous avez de la difficulté à trouver des activités agréables à faire pendant les moments où vous avez l'habitude de boire, vous devriez songer à obtenir l'aide d'un spécialiste.

EXEMPLES

Pour éviter de prendre un verre à son retour du travail, Jean a décidé de :
• faire une promenade avec son chien ;
• passer du temps avec ses enfants ;
• aider sa conjointe à préparer les repas.

Il pensait également qu'il aurait le temps de faire du bricolage dans son atelier, mais il a constaté qu'après s'être changé, il ne lui restait plus qu'une dizaine de minutes avant les repas.

Catherine buvait chez elle toute seule, habituellement le vendredi soir et le samedi, à partir de midi. Elle buvait surtout parce qu'elle s'ennuyait, même si elle avait la possibilité d'appeler des amis pour sortir. Pour mettre un terme à cette habitude, voici ce que Catherine a décidé de faire :
• appeler un ami au début de la semaine pour organiser une sortie au restaurant ou au cinéma ;
• si personne n'était disponible, aller magasiner toute seule ;
• le samedi, rendre visite à ses parents, ou prendre des leçons de tennis au centre communautaire.

Elle a aussi décidé de se joindre à un club de conditionnement physique, grâce aux économies qu'elle a réalisées en ne buvant plus. Ainsi, elle a pu se mettre en forme et s'adonner de nouveau à son sport préféré : le ski.

Trouvez des moyens de faire face aux problèmes sans alcool

Les problèmes de la vie quotidienne peuvent miner vos projets d'abstinence ou de modération. Il peut s'agir de petits désagréments, comme manquer l'autobus, ou de véritables épreuves, comme la mort d'un être cher, une maladie grave, un divorce ou la perte de son emploi. Nos clients ont souvent constaté que les problèmes qui auraient pu nuire à leurs plans faisaient intervenir :
• des différends avec une autre personne ;
• des sentiments négatifs.

Comme il est impossible de prévoir les problèmes et le moment où ils vont se présenter, il est souhaitable d'avoir une stratégie pour faire face aux problèmes à mesure qu'ils se manifestent.

La stratégie de résolution des problèmes présentée dans le présent guide vous aidera à élaborer deux méthodes pour faire face aux problèmes : l'action et la réflexion. Voici comment fonctionne chacune de ces stratégies :

Faire face aux problèmes par l'action peut vous aider à transformer une situation négative en une situation positive. Cette méthode peut être utile lorsque vous avez des problèmes avec une personne de votre entourage. En changeant votre approche habituelle, vous pouvez amener cette personne à réagir positivement.

Faire face aux problèmes par la réflexion peut vous aider à rendre plus tolérables des situations pénibles. Cette méthode est particulièrement utile lorsque la situation échappe à votre volonté (par exemple, la mort d'un être cher). Vous ne pouvez changer ces situations directement, mais vous pouvez toujours changer la façon dont vous les percevez.

Faire face aux problèmes par la réflexion ne signifie pas se faire des illusions ou nier la gravité ou le danger d'une situation. Cette méthode signifie que vous examinez la situation sous un angle différent en vous demandant 1) si vous voyez les choses telles qu'elles sont, et 2) si votre réaction à l'égard de cette situation est compréhensible ou exagérée.

Les émotions négatives ne plaisent à personne, mais elles découlent souvent des choses qui nous arrivent. Il est normal d'avoir mal quand une personne qu'on aime meurt, ou de se sentir furieux ou contrarié après avoir perdu son emploi. Cependant, on est parfois tellement bouleversé qu'on se fait une montagne de telles situations. Que la réaction émotive à une situation donnée soit justifiée ou non, le fait de boire pour faire face aux problèmes n'est jamais efficace à long terme.

Stratégie générale de résolution des problèmes

Cette stratégie comporte une méthode qui vous aidera à aborder les problèmes de la vie quotidienne d'une manière systématique. Elle comprend quatre étapes :

1. **Cernez le problème.** Essayez de reconnaître les principaux éléments de la situation qui vous dérange. Posez-vous les questions suivantes :
   - Qu'est-ce qui me trouble ?
   - Quels sentiments cette situation suscite-t-elle en moi ?
   - Quelles pensées cette situation suscite-t-elle en moi ?
   - Habituellement, comment est-ce que je fais face à ce genre de situation ?
   - Quelles sont les conséquences de mes gestes ?

2. **Envisagez de nouvelles approches.** Pensez à d'autres façons de régler la situation. Pour le moment, ne vous inquiétez pas de savoir si elles sont judicieuses ou pratiques, mais envisagez :
   - *de nouvelles façons de penser.* Ce à quoi vous pensez influe sur les gestes que vous posez. Lorsque vous êtes bouleversé, vous pouvez penser de façon rigide, négative et autodestructrice. Ce genre de pensée mène habituellement à une manière inefficace de résoudre les problèmes. Pensez à de nouvelles façons de voir les choses.

Il y a habituellement plus d'une façon raisonnable de percevoir la même situation.

- *de nouvelles façons d'agir*. Pour qu'une situation négative devienne positive, il est important de mettre de côté votre façon habituelle d'aborder les problèmes et d'essayer de nouvelles approches. Trouvez autant de solutions que possible, même si elles semblent irréalistes à première vue.

3. **Choisissez l'approche qui semble offrir le plus de succès.** Après avoir pensé à différentes solutions possibles à un problème donné, choisissez celle qui vous semble la plus appropriée. Songez à la façon dont vous appliqueriez cette solution et quelle efficacité elle aurait. Posez-vous les questions suivantes :
   - Cette approche aura-t-elle des résultats positifs ? Si oui, lesquels ?
   - Cette approche est-elle pratique et réaliste ?

4. **Évaluez par la suite l'efficacité de la nouvelle approche.** Avant de mettre en application la nouvelle approche choisie, répétez-la dans votre tête. Imaginez être déjà dans la situation en question. Si possible, jouez-la en privé. Puis, mettez la nouvelle approche à l'épreuve au moment approprié. Pour déterminer si l'approche que vous avez choisie est efficace, posez-vous les questions suivantes :
   - Ai-je obtenu les résultats positifs que j'espérais ?
   - Aurais-je pu faire autre chose pour que mon approche soit plus efficace ?

Si l'approche que vous aviez adoptée n'a pas fonctionné ou si vous avez été incapable de la mettre en pratique, ne vous découragez pas. Essayez-en une autre. Il y a toujours plus d'une solution à un problème.

Les exemples suivants illustrent la stratégie de résolution des problèmes :

Exemple 1 : Problème de couple

Notre client, un spécialiste en informatique de 30 ans, s'est inscrit au programme parce que l'alcool nuisait à son travail. Il était marié depuis trois ans. Peu après son mariage, lui et sa femme ont convenu d'ouvrir un compte de banque conjoint pour l'achat d'une maison.

Cernez le problème : La femme de notre client donnait à sa sœur d'importantes sommes d'argent qu'elle tirait du compte conjoint sans consulter son mari. Quand il l'a découvert, il est devenu furieux, estimant qu'elle n'avait pas le droit de prendre de l'argent dans leur compte conjoint sans lui en parler. Pour calmer sa colère, il a commencé à boire. Après trois ou quatre verres, il commettait de la violence verbale et continuait à boire jusqu'à l'ivresse. Sa femme refusait alors de lui parler pendant plusieurs jours. Il se sentait coupable.

Envisagez de nouvelles approches : Nous lui avons posé la question suivante : « Pourriez-vous envisager le comportement de votre femme sous un angle différent ? » Ce à quoi il a répondu : « Elle me joue probablement dans le dos parce qu'elle sait que je n'aime pas sa sœur. Elle a peut-être peur que je refuse. Elle vient d'une famille où on aime s'entraider ».

Quand nous lui avons demandé s'il y avait d'autres façons de faire face à la situation, trois différentes façons d'aborder le problème avec sa femme lui sont venues à l'esprit :
1. « Ce qui me dérange, ce n'est pas que tu aides ta sœur, c'est que tu le fasses dans mon dos. »
2. « Pourquoi ne gardes-tu pas un montant que tu pourras dépenser à ta guise ? »
3. « Nous devrions peut-être penser à ouvrir des comptes d'épargne séparés. »

Il a également pensé à aller prendre l'air pour se calmer au lieu de se verser un verre d'alcool.

Choisissez l'approche qui semble offrir le plus de succès : Après avoir évalué les conséquences de chaque solution possible, le client a décidé de parler à sa femme en choisissant les options 1) et 2).

Évaluez par la suite l'efficacité de la nouvelle approche : Le client a pu aborder la question avec sa femme comme il l'avait prévu. Ils ont convenu qu'elle garderait le tiers de son salaire et qu'elle dépenserait ce montant comme elle l'entendait.

Exemple 2 : L'envie de tout laisser tomber

Une autre de nos clientes, âgée de 39 ans, travaillait à la Bourse. Mère de trois jeunes enfants, elle buvait excessivement presque toutes les fins de semaine pour faire face aux pressions du travail et de ses obligations familiales. Elle a entrepris le programme parce que sa consommation d'alcool nuisait à sa santé. Après le programme, elle avait atteint son objectif d'abstinence. Cependant, après trois mois, elle a fait une rechute. Elle a pris rendez-vous avec son conseiller parce qu'elle avait des doutes sur elle-même et sa capacité de réussir. Elle voulait vraiment arrêter de boire à cause de problèmes de santé.

En examinant sa rechute, elle a constaté que le stress de son travail l'avait poussée à boire comme auparavant. Elle se sentait coupable et avait honte, et elle a commencé à remettre en question sa capacité de maintenir son abstinence. Elle pensait : « Je n'y arriverai jamais. Je ne suis bonne à rien. Ça ne vaut peut-être pas la peine de travailler si fort ».

Quand son conseiller a cherché à déterminer si ses pensées négatives étaient fondées sur la réalité, elle a reconnu qu'elles étaient fausses et autodestructrices. On l'a encouragée à voir sa rechute d'une manière plus positive. Elle a constaté qu'une rechute ne faisait pas d'elle une « bonne à rien ». Elle s'est dit : « Je peux y arriver. Je ne devrais pas être si dure envers moi-même à cause d'une rechute ». Pour faire face aux pressions du travail et de la maison, sans boire, elle a décidé de se joindre à un club de conditionnement physique et de planifier des sorties avec ses enfants pendant les fins de semaine.

METTEZ EN PRATIQUE LA RÉSOLUTION DE PROBLÈMES

Voici quelques scénarios que vivent souvent les personnes qui essaient d'arrêter de boire ou de réduire leur consommation d'alcool.

Certains s'appliqueront à vous plus directement que d'autres. En vous servant des étapes de la stratégie de résolution des problèmes, voyez comment vous feriez face à chaque situation sans boire du tout ou en buvant modérément.

1. Imaginez que vous vous êtes disputé avec votre conjoint, un ami ou votre patron. La personne en question vous accuse de ne pas « faire votre part » et s'en va sans vous laisser la chance de discuter de la situation. Vous pensez que cette accusation est injuste. Vous êtes en colère et vous avez envie de prendre un verre.

   Comment réagiriez-vous à cette situation sans boire ? Pensez à :
   - différentes façons d'examiner la situation et à votre réaction émotive ;
   - différentes façons d'aborder la personne qui vous a fait le reproche, de faire face à la situation et de la résoudre. Que feriez-vous ou que diriez-vous ?

   Quelles solutions semblent les meilleures ?

2. Imaginez que vous êtes à une fête. Vous vous amusez et personne ne vous pousse à boire. Au début de la soirée, vous vous apercevez que vous avez atteint la limite que vous vous étiez fixée. Vous ne voulez pas partir, alors vous inventez des excuses pour boire plus.

   - Que feriez-vous dans cette situation, sans quitter la soirée ou sans boire plus que la limite que vous vous étiez fixée ?
   - Que vous diriez-vous pour contrer vos excuses ?
   - Comment pourriez-vous éviter de trop boire ?

3. Imaginez que vous êtes à une soirée mondaine et que vous visez l'abstinence. Vous constatez que la plupart des gens autour de vous prennent un verre et sont de bonne humeur. L'hôte vous offre un verre à plusieurs reprises.

   - Comment feriez-vous pour refuser sans vous sentir mal à l'aise ?
   - Que feriez-vous pour éviter les offres de votre hôte et des autres invités ?

4. Imaginez que vous avez 50 ans. Vous avez quitté une entreprise prospère pour travailler pour une compagnie bien établie. Après plusieurs années de service, vous perdez votre emploi parce que la compagnie en question a fait faillite. Depuis un an, vous buvez de façon modérée.

   Quand vous apprenez la mauvaise nouvelle, vous êtes consterné. Vous vous sentez impuissant, déprimé, incertain de l'avenir. Vous commencez à boire pour oublier ces sentiments. Vous broyez du noir : « Je ne pourrai jamais trouver un autre emploi comme celui-là » ou « Personne ne voudra m'engager » ou « Je suis trop vieux. Je n'ai plus l'énergie nécessaire pour retourner à mon ancienne entreprise. » Vous avez peur que votre conjoint et vos enfants vous trouvent incompétent.

   - Que vous diriez-vous pour éviter de boire et pour vous mettre dans un état d'esprit plus positif ?
   - Comment entreprendriez-vous une recherche d'emploi ?

Un moment décisif

Si vous ne buvez pas du tout ou si vous maintenez une consommation modérée depuis au moins quatre semaines après avoir fixé votre objectif à long terme, BRAVO !

Vous êtes maintenant prêt à passer à la cinquième étape, laquelle vous donnera les techniques nécessaires pour vous aider à continuer dans la direction que vous avez choisie.

Cependant, si après quatre ou six semaines vous êtes toujours incapable de respecter les limites que vous avez établies, vous devriez prendre quelques minutes pour en déterminer les raisons. Examinez les points suivants :

• Vous devriez peut-être élaborer certaines stratégies supplémentaires pour les situations où vous n'avez pas atteint votre objectif.

• Votre problème est peut-être plus grave que vous ne le pensiez.

• Vous ne donnez peut-être pas à ce programme la priorité nécessaire comme moyen de réduire votre consommation d'alcool ou d'arrêter de boire complètement. Réévaluez les raisons pour lesquelles vous voulez changer vos habitudes de consommation d'alcool. S'agit-il encore d'un objectif important dans votre vie et êtes-vous prêt dès maintenant à faire ce qu'il faut pour l'atteindre ?

Si vous avez suivi attentivement les directives contenues dans le présent guide, mais n'êtes pas parvenu à l'abstinence ou à la modération, vous devriez songer à consulter un spécialiste. Vous avez peut-être besoin d'une aide plus soutenue que celle que le présent guide peut vous offrir.

Cinquième étape : Tenez bon

Lors de cette étape, nous décrivons des stratégies qui pourront vous aider à maintenir votre abstinence ou votre consommation modérée d'alcool.

Vous pouvez passer à la cinquième étape si :
• vous avez atteint votre objectif à long terme ;
• vous voulez continuer dans la direction que vous avez choisie, c'est-à-dire l'abstinence ou la modération.

N'oubliez pas que vous devez continuer à mettre en application les stratégies que vous avez élaborées et mises à l'essai à la quatrième étape. Vous devez continuer de pratiquer ces stratégies tant qu'elles ne deviendront pas une habitude. Ce processus demande normalement plusieurs mois.

Stratégies que vous avez apprises pour maintenir votre objectif à long terme

TENIR UN JOURNAL DE BORD

Nous vous encourageons vivement à continuer de tenir un registre des jours où vous buvez et des jours d'abstinence. Ne cédez pas à la tentation d'arrêter de tenir un registre après quelques semaines.

Rappelez-vous que les clients qui tiennent un registre pendant plusieurs mois ont tendance à mieux réussir à long terme. Un registre quotidien exact constitue la meilleure mesure de vos progrès.

Si vous pensez que vous pouvez arrêter de tenir un registre de votre consommation tout en respectant vos limites, il serait judicieux de voir où vous en êtes de temps à autre. De tels contrôles vous permettront de vérifier si vous respectez votre objectif.

ÉQUILIBRER MA CONSOMMATION

Si votre objectif est la modération, gardez les deux pieds sur terre : équilibrez votre consommation pour éviter de trop boire. N'oubliez pas de mesurer vos verres : essayez de les diluer et buvez-les lentement.

PRÉVOIR COMMENT J'ÉVITERAI DE DÉPASSER MA LIMITE

Il est essentiel de se préparer. Il n'est donc pas sage d'improviser lorsqu'il s'agit de votre consommation d'alcool.

TROUVER DES LOISIRS OU D'AUTRES ACTIVITÉS QUI NE FONT PAS INTERVENIR L'ALCOOL

Vous devez vous efforcer de consacrer le temps que vous passiez à boire à des activités plus intéressantes et plus enrichissantes. Faites passer l'alcool au second plan.

FAIRE FACE À MES PROBLÈMES SANS ALCOOL

Utilisez la stratégie de résolution des problèmes à la page 61 dès que vous êtes aux prises avec un problème pour vous aider à combattre les sentiments négatifs sans boire. Ne laissez pas vos problèmes s'accumuler.

Règle : Il ne faut pas prendre d'alcool pour faire face à ses problèmes. Si vous êtes aux prises avec un problème qui risque de vous faire rechuter, essayez de trouver une solution positive dès que possible. Ne laissez pas les sentiments négatifs s'accumuler, car ils risquent de déclencher une consommation excessive d'alcool. Si vous pensez que vous ne pouvez pas régler un problème par vous-même, demandez de l'aide à votre famille, à vos amis ou à un spécialiste.

Autres stratégies visant à maintenir vos progrès

OCCUPEZ-VOUS DE VOS RECHUTES SUR-LE-CHAMP

Les rechutes occasionnelles (p. ex., quand vous n'atteignez pas votre objectif ou quand vous buvez trop) sont monnaie courante. Certains clients se décourageaient après la première rechute et abandonnaient leur objectif. Ils se disaient peut-être : « Ça ne sert à rien d'essayer » ou « Je n'y arriverai jamais ». N'utilisez pas ces sentiments négatifs comme excuse pour abandonner. Si vous buvez trop, tirez une leçon de votre expérience. Revoyez votre objectif et les stratégies que vous employez pour faire face aux envies de boire.

CONTRÔLER MES PROGRÈS RÉGULIÈREMENT

Tous les trois mois, nos clients examinaient les progrès qu'ils avaient réalisés.

Puisque vous travaillez seul à modifier vos habitudes de consommation d'alcool, vous devrez assurer votre propre suivi. Prévoyez, tous les trois mois pendant les neuf prochains mois, une journée où vous ferez le point sur vos progrès. Marquez ces journées sur votre calendrier ou dans votre agenda.

Mon premier suivi aura lieu le _____

Mon deuxième suivi aura lieu le _____

Mon troisième suivi aura lieu le _____

À chaque suivi, essayez d'évaluer vos progrès de façon objective. Posez-vous les questions suivantes :

1. Quelle quantité d'alcool ai-je bue ?
2. Ma consommation d'alcool a-t-elle nui à ma santé ou m'a-t-elle empêché d'assumer mes responsabilités ? Dans l'affirmative, comment pourrais-je adapter mon objectif pour réduire les risques au minimum ?
3. Ai-je trouvé assez d'activités intéressantes et stimulantes qui ne font pas intervenir l'alcool ?
4. Est-ce que je réussis à faire face à l'envie de boire lorsque j'ai atteint ma limite ? Quelles sont les stratégies les plus efficaces pour moi ?

Vous trouverez en annexe (page 105) quatre formules de suivi qui vous aideront à prendre note de ces renseignements.

La partie théorique de notre guide est maintenant terminée.

BRAVO !

N'oubliez pas de tenir vos registres et de vérifier vos progrès régulièrement.

TROISIÈME PARTIE

QUESTIONS SOUVENT POSÉES

Dans la présente section, nous répondons à cinq questions que nos clients nous posent souvent. Nos réponses prennent en compte les résultats des recherches les plus récentes.

Qu'est-ce que l'alcool ?

Quand la consommation d'alcool devient-elle excessive ?

L'alcoolisme est-il une maladie héréditaire ?

Comment les habitudes de consommation d'alcool s'acquièrent-elles ?

Comment fait-on face aux problèmes liés à l'alcool ?

Il n'est pas obligatoire de lire cette partie pour commencer le programme, mais nous vous conseillons de le faire avant la fin du programme. Nous espérons qu'elle vous permettra de mieux comprendre ce qu'est l'alcool, quels sont ses effets sur vous et comment ce programme peut vous aider.

Qu'est-ce que l'alcool ?

L'alcool est une drogue produite naturellement par la fermentation de fruits, de légumes ou de céréales. Il existe différentes variétés d'alcool, mais celui que l'on retrouve dans les boissons alcoolisées est l'alcool éthylique ou éthanol, que l'on appelle simplement « alcool ». L'alcool n'a pas vraiment de goût ou d'odeur. Le goût et l'odeur des boissons alcoolisées proviennent des ingrédients alimentaires et des saveurs qu'on y ajoute.

La teneur en alcool des boissons alcoolisées varie. Les spiritueux, communément appelés « boissons fortes » ou « fort », en contiennent environ 40 %, le vin fortifié, comme le xérès (sherry) et le vermouth, environ 18 %, le vin, entre 10 et 14 % et la bière ordinaire, environ 5 %. C'est à cause de ces différences que le concept de « verre standard » a vu le jour. Chaque verre standard contient la même quantité d'alcool.

Au Canada, un verre standard représente :
341 mL (12 oz)   **de bière, de cidre ou de panaché** (5 % d'alcool)
142 mL (5 oz)   **de vin** (12 % d'alcool)
85 mL (3 oz)   **de vin fortifié** (18 % d'alcool)
43 mL (1,5 oz)   **de spiritueux** (40 % d'alcool)

N'oubliez pas qu'un verre standard désigne la quantité d'alcool et non le genre de boisson (bière, vin ou spiritueux), et que c'est justement la quantité d'alcool consommé, et non le genre de boisson, qui a un effet sur vous.

QUEL TYPE DE DROGUE EST L'ALCOOL ?

Certaines personnes croient que l'alcool est un stimulant parce qu'après quelques verres elles perdent leurs inhibitions et deviennent plus volubiles. En fait, l'alcool est un dépresseur qui ralentit l'activité du cerveau, modifiant votre humeur et altérant votre capacité de penser et votre comportement.

En général, un ou deux verres standard provoqueront une légère détente. Cette sensation est particulièrement agréable lors de réunions entre amis ou lorsque vous voulez vous calmer après une dure journée de travail.

Cependant, quand vous buvez trop, et particulièrement si vous buvez trop vite, c'est-à-dire plus d'un verre à l'heure, les effets dépresseurs de l'alcool s'accentuent. Vous pouvez avoir de la difficulté à parler ou à marcher, ressentir de la confusion, agir de manière imprudente ou faire des choses gênantes. Si vous buvez beaucoup dans un court laps de temps, par exemple, 10 ou 15 verres en une heure, vous pouvez entrer dans un coma ou même mourir. En définitive, il est dangereux pour votre santé et votre bien-être de boire trop ou trop vite.

Cependant, il n'y a pas que la quantité d'alcool ou la rapidité avec laquelle vous buvez qui entre en ligne de compte. Beaucoup d'autres facteurs sont tout aussi importants, notamment :
• votre âge, votre sexe et votre poids ;
• le milieu dans lequel vous vous trouvez ;
• les effets que vous attendez de l'alcool ;
• votre sensibilité à l'alcool ;
• depuis combien de temps vous buvez ;
• à quelle fréquence vous buvez ;
• le fait de boire à jeun ou après avoir mangé ;
• la fatigue ;
• l'interaction avec d'autres drogues ou médicaments.

Les effets de l'alcool sont déterminés par la combinaison de ces facteurs. Il peut donc être difficile de prévoir quels effets l'alcool aura sur vous à un moment donné.

COMMENT L'ORGANISME MÉTABOLISE-T-IL L'ALCOOL ?

L'alcool passe très rapidement de l'estomac au sang. Le sang transporte ensuite l'alcool à toutes les parties de votre corps qui ont un taux élevé d'eau, notamment le foie, le cerveau, le cœur, les poumons, le pancréas, les reins, la rate, les organes reproducteurs, les muscles, la moelle osseuse et la peau.

L'organisme commence à éliminer l'alcool dès qu'il entre dans le sang. La sueur, l'haleine et l'urine en éliminent un peu, mais au moins 90 % de l'alcool est décomposé et converti en d'autres substances par le foie. Il faut jusqu'à deux heures pour qu'un foie en bon état décompose un verre standard. Ce rythme de décomposition est le même pour chaque verre que vous prenez, peu importe ce que vous faites comme manger, boire du café ou faire de l'exercice.

Le pourcentage d'alcool présent dans votre sang est désigné par le terme « alcoolémie ». Votre alcoolémie et votre degré d'intoxication augmentent en fonction de la quantité d'alcool que vous buvez et de la vitesse à laquelle vous buvez.

Chez une femme, l'alcoolémie est susceptible d'être plus élevée que chez un homme pour une même quantité d'alcool consommée. Cela s'explique de plusieurs façons, notamment parce que le corps de la femme est généralement plus petit que celui de l'homme et qu'il contient moins d'eau pour diluer l'alcool, et parce que l'organisme de la femme métabolise l'alcool plus lentement.

Le diagramme ci-après indique l'alcoolémie d'un homme et d'une femme de taille et de poids moyens qui ont tous deux bu quatre verres standard en deux heures. L'alcoolémie est plus élevée chez la femme que chez l'homme. En outre, il faut plus de temps à la femme pour éliminer l'alcool, c'est-à-dire six heures par rapport à environ quatre heures pour l'homme.

ALCOOLÉMIE

Chez un homme et chez une femme (même taille, même poids et même quantité d'alcool consommé)

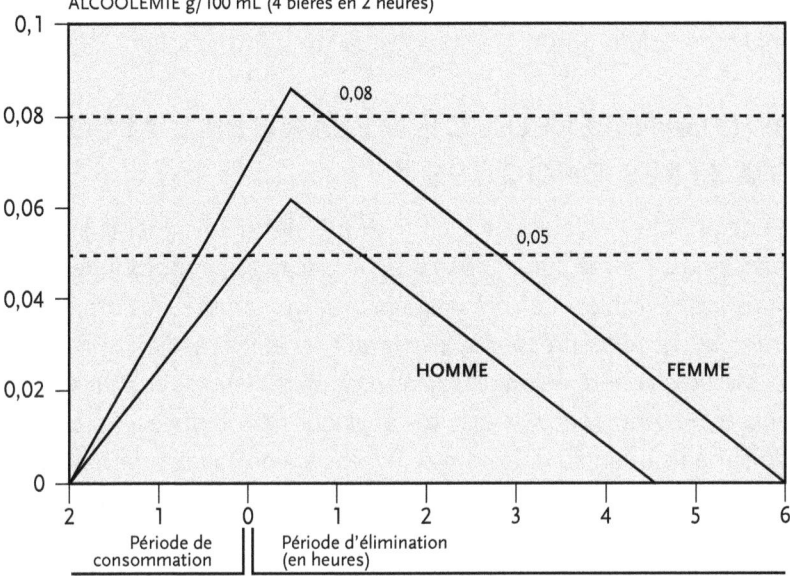

ALCOOLÉMIE g/100 mL (4 bières en 2 heures)

Il est important que les hommes et les femmes connaissent la limite légale d'alcoolémie pour prendre le volant. Ces limites varient d'une province et d'un État à l'autre. En Ontario, au Canada, les conducteurs dont l'alcoolémie est de 0,05 g/100 mL peuvent voir leur permis suspendu et faire l'objet d'autres pénalités. Le conducteur dont l'alcoolémie dépasse 0,08 g/100 mL peut être accusé de conduite avec facultés affaiblies, une infraction criminelle.

N'oubliez pas que la seule façon de réduire son alcoolémie consiste à arrêter de boire ou à boire moins vite. Votre organisme a besoin de temps pour éliminer l'alcool.

L'ALCOOL FAIT-IL PRENDRE DU POIDS ?

Si votre poids vous préoccupe ou si vous vous souciez de votre alimentation, sachez que l'alcool contient beaucoup de calories, mais aucun nutriment. L'alcool d'un verre standard contient environ 100 calories.

Une boisson alcoolisée allongée d'une boisson non alcoolisée autre que l'eau en renferme encore plus. Donc, chaque fois que vous buvez, rappelez-vous que vous consommez beaucoup de calories « vides » qui n'ont aucune valeur nutritive.

EST-IL DANGEREUX DE MÉLANGER L'ALCOOL À D'AUTRES DROGUES ?

Le fait de prendre de l'alcool si vous avez pris des médicaments sur or- donnance ou en vente libre ou des drogues illégales peut produire des résultats imprévisibles. L'alcool interagit avec de nombreuses drogues, notamment les antidépresseurs, les stimulants et les médicaments cou- rants. Même en petite quantité, l'alcool combiné avec ces drogues peut sérieusement entraver vos capacités physiques et mentales. En outre, certains médicaments sont moins efficaces si vous avez bu. D'autres, lorsqu'ils sont mélangés avec de l'alcool, peuvent avoir des effets secondaires comme des crampes, des vomissements et des maux de tête. Le meilleur conseil est donc de NE PAS FAIRE DE MÉLANGE.

La combinaison de l'alcool avec un autre dépresseur comme un som- nifère ou un tranquillisant peut avoir un effet « synergique », c'est-à-dire que les effets des deux drogues seront amplifiés et que vous risquez de vous sentir très ivre et même de perdre connaissance.

La consommation de stimulants comme la caféine, la cocaïne et les amphétamines après avoir bu peut vous donner l'impression d'être plus éveillé et donc d'être sobre. Mais, en fait, vous êtes toujours sous l'emprise de l'alcool. La croyance populaire selon laquelle un café fort peut vous désintoxiquer est un mythe.

Si vous prenez des médicaments sur ordonnance, demandez à votre médecin ou à votre pharmacien si vous pouvez boire de l'alcool.

Quand la consommation d'alcool devient-elle excessive ?

Trop boire signifie boire au point où la consommation d'alcool nuit à votre santé, à vos relations, à votre travail ou à d'autres responsabilités, en plus de menacer votre sécurité et celle d'autrui.

Pour mieux répondre à cette question, il faut d'abord répondre aux deux questions suivantes :
• Quelle est la limite à ne pas dépasser lors d'une occasion donnée ?
• Quand la consommation d'alcool devient-elle excessive à long terme ?

BOIRE TROP LORS D'UNE OCCASION DONNÉE

Il est difficile d'établir avec précision quand une personne dépasse la limite à une occasion donnée. Cela ne dépend pas uniquement de la quantité d'alcool que vous buvez ni de la vitesse à laquelle vous buvez, mais aussi d'autres circonstances. Par exemple, il pourrait être dangereux de boire même une petite quantité d'alcool avant de prendre le volant d'une voiture ou de faire fonctionner de la machinerie, ou encore pendant que vous vous occupez des enfants. En revanche, lors d'une réunion de famille chez vous, par exemple, vous pourriez boire plusieurs verres sans problème.

Le fait de trop boire lors d'une occasion donnée peut avoir de nombreuses conséquences négatives. Certaines de ces conséquences, comme la gueule de bois ou d'autres symptômes physiques désagréables, ne durent pas longtemps, certes, mais elles peuvent vous empêcher de bien vous acquitter de vos responsabilités et même mettre en danger votre sécurité et celle des autres. Vous trouverez à la page 85 une liste des conséquences négatives que nos clients ont subies après avoir trop bu.

D'autres conséquences plus graves, comme des traumatismes, se produisent quand les personnes ont bu. N'oubliez pas qu'une alcoolémie élevée contribue à diminuer votre coordination et votre jugement et cause de la somnolence. Vous courez donc le risque de subir un accident ou d'être aux prises avec d'autres problèmes graves qui peuvent survenir rapidement et avoir des effets dévastateurs.

BOIRE SOUVENT PENDANT UNE LONGUE PÉRIODE

Boire souvent pendant une longue période cause également tout un éventail de problèmes. L'un des plus sérieux est un trouble grave lié à l'alcool. Peu à peu, les effets cumulatifs de l'alcool se font sentir. Par exemple, votre foie peut être endommagé par une consommation excessive d'alcool. Cependant, il se peut que des mois, voire des années, s'écoulent avant que les problèmes ne vous semblent évidents. Les personnes qui boivent souvent pendant plusieurs années peuvent avoir des problèmes de santé graves (p. ex., cirrhose, ulcères d'estomac et certains cancers).

La plupart de nos clients ont déclaré qu'ils buvaient de cinq à sept verres par jour et qu'ils avaient éprouvé des problèmes pendant cinq ans en moyenne. Leur consommation d'alcool ne leur avait pas encore causé de graves problèmes de santé, mais avait été la cause de problèmes au travail et à la maison. Nos clients se devaient de changer leurs habitudes de consommation pour éviter que ces problèmes prennent de l'ampleur. Lorsqu'ils sont venus recevoir des traitements, leur trouble lié à l'alcool était mineur ou modéré, mais jamais grave. Les clients qui avaient un trouble grave lié à l'alcool ont été orientés vers les programmes appropriés.

Le tableau de la page 81 illustre les premières conséquences de la consommation excessive d'alcool et les problèmes graves qui peuvent surgir plus tard. Les personnes qui boivent beaucoup manifestent souvent plusieurs de ces signes avant-coureurs et devraient prendre des mesures avant qu'ils ne deviennent des problèmes graves.

La plupart de nos clients avaient manifesté plusieurs de ces signes avant-coureurs au cours de l'année qui avait précédé le début de leur traitement. Ce tableau les a motivés à changer leurs habitudes de consommation. Lisez le tableau des signes avant-coureurs et voyez combien d'entre eux s'appliquent à vous.

SIGNES AVANT-COUREURS	PROBLÈMES GRAVES
oublis	troubles permanents de la mémoire
résultats anormaux lors d'un examen du foie	cirrhose
accoutumance, fortes envies, difficulté à maîtriser la consommation d'alcool	dépendance
problèmes d'estomac (p. ex., nausées et vomissements)	ulcère hémorragique
conflits familiaux au sujet de l'alcool	éclatement de la famille
absentéisme occasionnel, retards ou gueule de bois au travail	perte de l'emploi
diminution du rendement scolaire	décrochage
témérité	blessures causées à une personne
conduite d'un véhicule après avoir bu	accusation de conduite avec facultés affaiblies
consommation excessive fréquente	obsession envers l'alcool

SIGNES AVANT-COUREURS	PROBLÈMES GRAVES
dépenses trop élevées pour l'alcool	endettement
consommation d'alcool pour faire face au stress	trouble grave lié à l'alcool

Si vous avez manifesté certains de ces signes avant-coureurs au cours de la dernière année, vous buvez trop et devriez prendre des mesures pour changer vos habitudes de consommation dès que possible.

Si vous avez éprouvé l'un des problèmes graves précités au cours de la dernière année et si vous buvez toujours, ce programme ne vous convient pas. Vous devriez obtenir l'aide d'un spécialiste.

L'alcoolisme est-il une maladie héréditaire ?

Chez environ 40 % de nos clients, l'un des deux parents, habituellement le père, avait un problème lié à l'alcool. Ces clients craignaient souvent d'avoir une maladie héréditaire. Ils avaient peut-être lu dans le journal, vu à la télévision ou entendu un ami dire que l'alcoolisme pourrait être héréditaire. Voici ce que nous avons à dire à ce sujet.

Certes, « l'alcoolisme », maintenant appelé « trouble grave lié à l'alcool », n'est pas une maladie comme la grippe. Il n'est pas provoqué par une bactérie ou par un gène précis comme celui qui cause le daltonisme ou le syndrome de Down. Néanmoins, les troubles graves liés à l'alcool présentent des aspects génétiques. Les hommes dont le père ou la mère avait un trouble grave lié à l'alcool courent un risque quatre ou cinq fois plus élevé d'avoir un problème d'alcool que le reste de la population. Toutefois, il est important de préciser que la plupart des hommes dont l'un des parents avait un trouble lié à l'alcool *n'ont pas* de problème d'alcool. Il existe peu de données sur l'incidence des troubles liés à l'alcool chez les femmes dont le père ou la mère avait un problème d'alcool.

Il a été démontré que, dans les cultures où il est facile de se procurer de l'alcool, les facteurs génétiques jouent un rôle aussi important que les facteurs environnementaux dans l'apparition d'un trouble grave lié à l'alcool. En d'autres termes, l'endroit où vous habitez et les personnes avec lesquelles vous passez du temps ont autant d'influence sur votre risque d'avoir un trouble lié à l'alcool que vos facteurs génétiques.

Pour des raisons biologiques, certaines personnes sont sensibles aux effets positifs de l'alcool tandis que d'autres sont sensibles à ses effets négatifs. Ainsi, une personne sensible aux effets positifs de l'alcool risque de devenir un gros buveur. Cela est particulièrement vrai dans un milieu où la consommation excessive est la norme, par exemple, dans la famille ou un cercle d'amis. Le risque est encore plus élevé si la personne est insensible aux effets négatifs de l'alcool comme la gueule de bois.

En revanche, une personne sensible aux effets négatifs de l'alcool (p. ex., nausées, engourdissements, étourdissements, rougissement et gueule de bois) est biologiquement protégée contre la consommation excessive d'alcool. Cependant, même chez cette personne, les facteurs liés au milieu peuvent l'emporter sur les effets négatifs. Par exemple, une personne qui déteste le goût de l'alcool peut boire quand même pour calmer une émotion négative.

Comme le risque d'avoir un problème d'alcool peut reposer sur le patrimoine génétique, nous avons encouragé nos clients à tenir compte de leurs antécédents familiaux avant de fixer leur objectif. Nous avons souligné que des personnes dont les parents avaient des problèmes d'alcool avaient tout aussi bien réussi le programme. Cependant, ces personnes s'étaient fixé des objectifs beaucoup plus modérés.

Comment les habitudes de consommation d'alcool s'acquièrent-elles ?

Vous êtes-vous déjà demandé : « Pourquoi est-ce que je continue à boire comme je le fais malgré tous les problèmes que cela me cause ? » Un grand nombre de nos clients se sont posé cette question. Notre réponse consiste à leur parler des déclencheurs, des comportements et des conséquences de la consommation d'alcool.

Commençons par les conséquences de la consommation d'alcool.

LES CONSÉQUENCES DE LA CONSOMMATION D'ALCOOL

La consommation d'alcool a des conséquences qui sont perçues par la personne comme positives ou négatives. Des études sur l'apprentissage humain ont révélé que les habitudes s'acquièrent en raison de leurs conséquences positives. Cependant, pour renforcer une habitude, les conséquences positives doivent suivre le comportement rapidement et systématiquement. Chaque fois que la consommation d'alcool a pour vous des conséquences positives, votre habitude est renforcée. Peu importe l'importance de la conséquence ; dans la mesure où celle-ci suit rapidement et systématiquement un comportement, elle renforcera votre habitude.

Si les conséquences positives renforcent l'habitude, pourquoi les conséquences négatives n'ont-elles pas un effet dissuasif ? La réponse est simple : les conséquences négatives très graves ont tendance à se manifester tardivement et ne sont généralement pas systématiques.

Le diagramme qui suit donne des exemples de conséquences positives et négatives de la consommation d'alcool, du temps qu'il faut pour qu'elles se manifestent et de leur caractère systématique.

DIAGRAMME DES CONSÉQUENCES

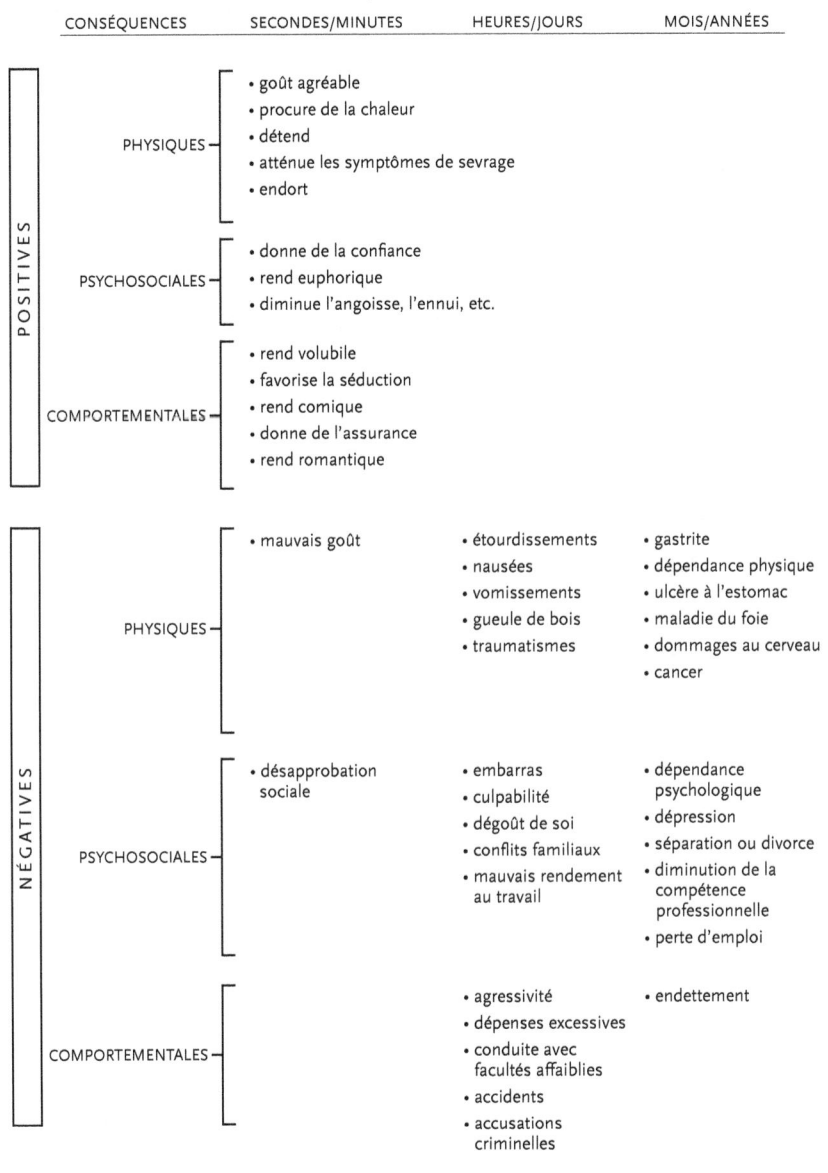

CONSÉQUENCES	SECONDES/MINUTES	HEURES/JOURS	MOIS/ANNÉES

POSITIVES

PHYSIQUES
- goût agréable
- procure de la chaleur
- détend
- atténue les symptômes de sevrage
- endort

PSYCHOSOCIALES
- donne de la confiance
- rend euphorique
- diminue l'angoisse, l'ennui, etc.

COMPORTEMENTALES
- rend volubile
- favorise la séduction
- rend comique
- donne de l'assurance
- rend romantique

NÉGATIVES

PHYSIQUES
- mauvais goût
  - étourdissements
  - nausées
  - vomissements
  - gueule de bois
  - traumatismes
    - gastrite
    - dépendance physique
    - ulcère à l'estomac
    - maladie du foie
    - dommages au cerveau
    - cancer

PSYCHOSOCIALES
- désapprobation sociale
  - embarras
  - culpabilité
  - dégoût de soi
  - conflits familiaux
  - mauvais rendement au travail
    - dépendance psychologique
    - dépression
    - séparation ou divorce
    - diminution de la compétence professionnelle
    - perte d'emploi

COMPORTEMENTALES
- agressivité
- dépenses excessives
- conduite avec facultés affaiblies
- accidents
- accusations criminelles
  - endettement

Comme vous pouvez le constater, la plupart des conséquences positives de la consommation d'alcool se manifestent en quelques secondes ou minutes. Par contre, les conséquences négatives prennent plus de temps, des heures, des jours, voire des mois ou des années, et ne se manifestent pas nécessairement après une occasion précise où vous avez consommé de l'alcool.

Les personnes qui décident de changer leurs habitudes de consommation d'alcool le font habituellement à cause d'une conséquence négative. Cependant, il est difficile de changer ses habitudes parce qu'une fois l'envie de boire déclenchée, ce sont les conséquences positives à court terme qui viennent d'abord à l'esprit et non les conséquences négatives à long terme.

LES COMPORTEMENTS LIÉS À LA CONSOMMATION D'ALCOOL

Les comportements liés à la consommation d'alcool deviennent de plus en plus complexes à mesure qu'un trouble lié à l'alcool s'installe. Il s'agit des gestes que posent inévitablement les personnes qui consomment de l'alcool.

Voici trois exemples :

Jean boit un peu, à l'occasion. On peut dire qu'il boit uniquement lorsqu'on le voit avec un verre à la main. On ne peut prévoir sa consommation d'alcool selon les endroits où il se trouve, ce qu'il fait ou selon son état d'âme. On retrouve donc très peu de comportements liés à la consommation d'alcool chez Jean.

Par contre, Guillaume boit beaucoup et régulièrement. Sa consommation d'alcool est beaucoup plus prévisible que celle de Jean. Par exemple, si Guillaume quitte le bureau avec Louis, vous pouvez être sûr de les trouver quelques minutes plus tard assis au bar de l'autre côté de la rue en train de prendre un verre. Pour Guillaume, le simple fait de quitter le bureau avec Louis constitue l'un des nombreux comportements qui le poussent à boire de l'alcool, les autres étant le fait de rendre visite à son beau-père ou d'aller jouer au curling avec ses amis.

Pour Louis, les comportements liés à la consommation d'alcool sont encore plus nombreux, par exemple, le fait d'aller dans un magasin de la Régie des alcools. Si Louis va à la Régie, il boira rapidement l'alcool qu'il vient d'acheter. Par contre, quand Jean va à la Régie, c'est surtout parce qu'il se trouve dans le coin et qu'il profite de l'occasion pour faire des réserves. En voyant Jean dans le magasin d'alcool, vous ne pouvez pas prévoir qu'il prendra un verre bientôt.

Lorsque vous tentez d'arrêter de boire ou de réduire votre consommation, il est très important de déterminer les comportements qui vous conduisent à boire de l'alcool. Il devient alors plus facile d'interrompre la chaîne de ces comportements aux premiers maillons qu'aux derniers.

LES DÉCLENCHEURS DE LA CONSOMMATION

Les déclencheurs désignent les situations ou les événements qui déclenchent l'envie de boire. Il peut s'agir de sentiments et pensées, de la vue et de l'odeur de l'alcool, du fait de voir des gens boire, d'une annonce de bière que vous voyez à la télévision, etc.

Nous avons déterminé trois genres de déclencheurs.

1. **Les sentiments désagréables qui poussent certaines personnes à boire pour y faire face.** Il peut s'agir de la colère, de l'ennui, de la timidité ou de la tension. L'alcool peut atténuer ces sentiments négatifs ou pousser les gens à agir. Par exemple, un grand nombre de personnes qui boivent croient que l'alcool facilite les comportements interpersonnels, notamment la conversation, la danse, l'expression de points de vue et les relations sexuelles.
2. **Les situations où les gens boivent par plaisir.** Certaines situations déclenchent systématiquement l'envie de boire par pur plaisir. On

peut boire, par exemple, pour célébrer quelque chose, pour agrémenter un repas spécial ou simplement parce qu'on aime le goût d'un certain alcool.

3. **Les situations où les gens boivent par habitude.** Certaines personnes boivent régulièrement dans des situations précises, sans trop y penser et indépendamment de leurs sentiments. La consommation d'alcool par habitude commence comme la consommation d'alcool pour faire face à des sentiments négatifs ou dans des situations précises. Cependant, petit à petit, la consommation d'alcool devient presque automatique.

Les déclencheurs de la consommation d'alcool fonctionnent comme de nombreux autres signaux qui donnent lieu presque automatiquement à des chaînes de comportement. Par exemple, si le téléphone sonne à votre bureau, vous interrompez vos activités et prenez le combiné sans y penser. Lorsque vous conduisez, vous appliquez instinctivement les freins à un feu rouge. Vous pouvez parler à quelqu'un en même temps sans même vraiment remarquer le feu. De même, si le feu est vert, vous continuez sans décider consciemment qu'il n'y a pas de danger à traverser. Vous réagissez aux signaux de circulation sans réellement y penser. Dans les situations où la consommation d'alcool a déjà été très fréquente, les déclencheurs peuvent donner lieu automatiquement à des comportements de consommation d'alcool.

Une habitude n'exige pas une très grande réflexion ni beaucoup de concentration. L'un des objectifs de ce programme consiste à vous faire arrêter de boire sans que vous y pensiez. Vous apprendrez à reconnaître les mécanismes qui entrent en jeu dans votre consommation d'alcool et à trouver des moyens qui vous permettront de choisir librement de boire.

Le diagramme qui suit illustre les mécanismes de la consommation d'alcool. On remarquera que certaines conséquences peuvent devenir des déclencheurs, créant ainsi un cercle vicieux. Les émotions négatives, la gueule de bois et le sevrage sont les conséquences les plus susceptibles de devenir des déclencheurs.

Par exemple, vous avez une dispute avec un ami en prenant un verre. Le lendemain, vous êtes encore en colère. Vous buvez pour faire face à ce sentiment ; ou encore, vous avez une gueule de bois après avoir trop bu la veille. Il n'est que 9 heures du matin, mais vous pensez qu'un petit verre vous remettra d'aplomb...

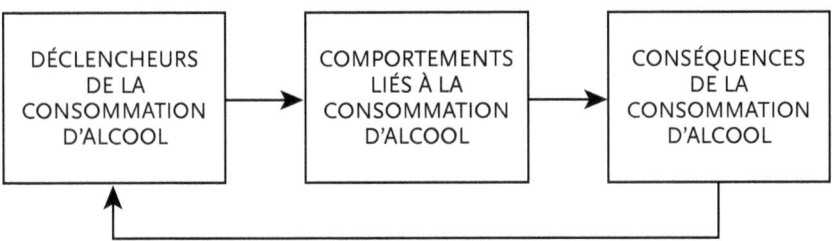

Comment fait-on face aux problèmes liés à l'alcool ?

Certaines personnes règlent leur problème lié à l'alcool par elles-mêmes, tandis que d'autres se tournent vers des traitements structurés ou des groupes d'entraide comme les Alcooliques Anonymes ou Women for Sobriety.

Il se peut que certaines personnes ayant un problème lié à l'alcool décident de régler leur problème seules plutôt que de demander de l'aide parce qu'elles craignent les préjugés associés aux personnes qui demandent de l'aide et croient qu'elles sont en mesure de mettre un terme à leur problème.

Qu'est-ce qui motive une personne à changer ses habitudes de consommation d'alcool ? Parfois, des événements la poussent à se demander s'il est sage de continuer à boire autant qu'elle le fait. Certains événements sont positifs, comme un mariage, un nouvel emploi ou l'arrivée d'un nouveau-né, mais d'autres sont négatifs, comme un problème de santé, un conflit familial, ou encore le fait d'être accusé de conduite avec facultés affaiblies ou d'avoir causé un accident. Certaines personnes affirment qu'aucun événement positif ou négatif particulier ne les a encouragées à arrêter de boire ou à réduire leur consommation. Elles en avaient tout simplement assez du mode de vie qui accompagne la consommation fréquente d'alcool.

ARRÊTER DE BOIRE OU RÉDUIRE SA CONSOMMATION PAR SOI-MÊME

Près de 90 % de nos clients avaient tenté de régler leur problème lié à l'alcool eux-mêmes avant d'entreprendre un traitement, ce qui donne à penser que de nombreuses personnes ayant un tel problème essaient d'abord de s'y attaquer sans aide.

Lors de notre dernière étude, nous avons envoyé une version antérieure du présent guide à des personnes qui voulaient arrêter de boire ou réduire leur consommation par elles-mêmes et souhaitaient obtenir un guide d'initiative personnelle. Nous avons demandé aux personnes qui s'en étaient sorties un an plus tard de nous faire part des démarches qu'elles avaient entreprises pour régler leur problème avant de recevoir les guides.

Elles ont mentionné deux stratégies :
• Tenir un registre des verres bus et contrôler la quantité d'alcool acheté.
• Éviter les situations dangereuses comme aller dans les bars ou sortir avec des personnes qui boivent beaucoup.

Ces deux stratégies sont fortement recommandées dans le présent guide.

GROUPES D'ENTRAIDE

Il existe différents organismes d'entraide regroupant des personnes qui ont des problèmes liés à l'alcool. Le plus connu est sans contredit les Alcooliques Anonymes (AA), qui comptent des millions de membres partout dans le monde. Le programme des AA est gratuit et accessible à tous. Des programmes connexes offrent du soutien aux familles des alcooliques.

L'objectif des AA consiste à aider les membres à parvenir à la sobriété complète et à l'épanouissement personnel. Pour les AA, « l'alcoolisme » et les troubles graves liés à l'alcool sont des maladies progressives et incurables. Afin d'arrêter la progression de ces maladies, les « alcooliques » doivent cesser de boire pour le reste de leur vie. Les personnes qui se joignent aux AA ont souvent connu des problèmes graves liés à l'alcool.

Le programme des AA comprend 12 étapes, que chaque membre franchit à son propre rythme. Pour réussir le programme, il faut :
• accepter de voir l'alcoolisme comme une maladie ;
• reconnaître que l'abstinence totale est la seule façon de vaincre la maladie ;
• assister à des réunions régulièrement ;
• franchir les 12 étapes du programme.

TRAITEMENT STRUCTURÉ

À l'instar des AA, la plupart des programmes de traitement de la toxicomanie reconnaissent que les troubles liés à l'alcool sont une maladie et exigent la sobriété totale de leurs patients. Ils comprennent souvent un traitement en établissement de trois semaines ou un traitement de jour et un suivi d'un ou deux ans. Les programmes de traitement peuvent être coûteux, mais, au Canada, leurs coûts sont habituellement assumés par les régimes d'assurance-santé.

Outre la participation aux réunions des AA, parfois obligatoire dans le cadre des programmes, le traitement comprend d'autres éléments comme l'éducation sur l'alcool, la gestion du stress et la thérapie de groupe. Il arrive souvent que les programmes de traitement exigent la participation des membres de la famille ou de l'employeur. Cela permet de montrer aux proches du client comment éviter d'excuser ce dernier ou de « justifier » la maladie d'autres façons. Comme les AA, les programmes de traitement sont généralement destinés aux personnes qui ont connu des problèmes graves liés à l'alcool.

PROGRAMMES D'INTERVENTION PRÉCOCE

On utilise ces programmes pour aider les personnes qui ont des problèmes moins graves. Ces programmes supposent que la consommation excessive d'alcool est une habitude acquise qu'une personne peut modifier en cessant de boire ou en réduisant sa consommation.

Les programmes d'intervention précoce ont pour objectif principal d'inculquer des connaissances et des techniques qui permettront aux clients d'éviter les problèmes liés à l'alcool. On souhaite ainsi attirer des personnes ayant des problèmes moins graves. À cette fin :

- on considère la consommation excessive d'alcool comme une habitude acquise plutôt que comme une maladie ;
- les clients ont le choix entre l'abstinence ou la consommation modérée ;
- les clients peuvent recevoir de l'aide sans avoir à arrêter de travailler ou à abandonner leurs obligations familiales ;
- on insiste sur la vie privée : les clients ne sont pas tenus de révéler l'aide qu'ils reçoivent ni de faire intervenir d'autres personnes dans leur traitement.

Les programmes d'intervention précoce sont relativement brefs. Les clients suivent généralement de trois à six séances de counseling. Les coûts sont parfois assumés par les régimes d'assurance-santé ; dans certains cas, le client doit payer des frais. Ces programmes peuvent être offerts par des centres hospitaliers universitaires, des programmes d'aide aux employés, des thérapeutes privés et des centres de santé communautaires. D'autres sont accessibles en ligne, comme celui offert par le Alcohol Help Center (www.alcoholhelpcenter.net).

Le présent guide a été élaboré dans le cadre de notre programme d'intervention précoce. L'approche qui y est exposée s'est révélée efficace pour de nombreuses personnes. Nous espérons qu'il en sera de même pour vous.

ANNEXE

Journal de bord : ma consommation d'alcool
Vous trouverez ci-joint suffisamment de formules pour consigner votre consommation d'alcool pendant 23 semaines.

Journal de bord : comment je fais face aux envies de boire
Utilisez ces formules lorsque vous essayez d'atteindre votre objectif.

Formules de suivi
Utilisez ces formules pour contrôler vos progrès tous les trois mois.

Ressources pour le traitement
Organismes à contacter pour obtenir plus de renseignements sur l'alcool, les autres drogues et les programmes de traitement.

Journal de bord : ma consommation d'alcool

JOURNAL DE BORD : MA CONSOMMATION D'ALCOOL

MON OBJECTIF POUR LA SEMAINE _____

Nᵇʳᵉ MAXIMAL DE VERRES PAR JOUR _____
Nᵇʳᵉ MAXIMAL DE JOURS DE CONSOMMATION CETTE SEMAINE _____
Nᵇʳᵉ MAXIMAL DE VERRES D'ALCOOL CETTE SEMAINE _____

	L	M	M	J	V	S	D	
Nᵇʳᵉ DE BOUT. DE BIÈRE DE 12 OZ								Nᵇʳᵉ TOTAL DE VERRES D'ALCOOL CETTE SEMAINE ▼
Nᵇʳᵉ DE VERRES DE VIN DE 5 OZ								
Nᵇʳᵉ DE VERRES DE VIN FORT. DE 3 OZ*								
Nᵇʳᵉ DE VERRES DE SPIRITUEUX DE 1,5 OZ								
Nᵇʳᵉ TOTAL DE VERRES D'ALCOOL PAR JOUR								

* VIN FORTIFIÉ (p. ex., xérès, porto, vermouth)

MON OBJECTIF POUR LA SEMAINE _____

Nᵇʳᵉ MAXIMAL DE VERRES PAR JOUR _____
Nᵇʳᵉ MAXIMAL DE JOURS DE CONSOMMATION CETTE SEMAINE _____
Nᵇʳᵉ MAXIMAL DE VERRES D'ALCOOL CETTE SEMAINE _____

	L	M	M	J	V	S	D	
Nᵇʳᵉ DE BOUT. DE BIÈRE DE 12 OZ								Nᵇʳᵉ TOTAL DE VERRES D'ALCOOL CETTE SEMAINE ▼
Nᵇʳᵉ DE VERRES DE VIN DE 5 OZ								
Nᵇʳᵉ DE VERRES DE VIN FORT. DE 3 OZ*								
Nᵇʳᵉ DE VERRES DE SPIRITUEUX DE 1,5 OZ								
Nᵇʳᵉ TOTAL DE VERRES D'ALCOOL PAR JOUR								

* VIN FORTIFIÉ (p. ex., xérès, porto, vermouth)

MON OBJECTIF POUR LA SEMAINE _____

Nᵇʳᵉ MAXIMAL DE VERRES PAR JOUR _____
Nᵇʳᵉ MAXIMAL DE JOURS DE CONSOMMATION CETTE SEMAINE _____
Nᵇʳᵉ MAXIMAL DE VERRES D'ALCOOL CETTE SEMAINE _____

	L	M	M	J	V	S	D	
Nᵇʳᵉ DE BOUT. DE BIÈRE DE 12 OZ								Nᵇʳᵉ TOTAL DE VERRES D'ALCOOL CETTE SEMAINE ▼
Nᵇʳᵉ DE VERRES DE VIN DE 5 OZ								
Nᵇʳᵉ DE VERRES DE VIN FORT. DE 3 OZ*								
Nᵇʳᵉ DE VERRES DE SPIRITUEUX DE 1,5 OZ								
Nᵇʳᵉ TOTAL DE VERRES D'ALCOOL PAR JOUR								

* VIN FORTIFIÉ (p. ex., xérès, porto, vermouth)

C'est assez !

JOURNAL DE BORD : MA CONSOMMATION D'ALCOOL

MON OBJECTIF POUR LA SEMAINE _____

N^{bre} MAXIMAL DE VERRES PAR JOUR _____
N^{bre} MAXIMAL DE JOURS DE CONSOMMATION CETTE SEMAINE _____
N^{bre} MAXIMAL DE VERRES D'ALCOOL CETTE SEMAINE _____

	L	M	M	J	V	S	D	
N^{bre} DE BOUT. DE BIÈRE DE 12 OZ								
N^{bre} DE VERRES DE VIN DE 5 OZ								N^{bre} TOTAL DE VERRES D'ALCOOL CETTE SEMAINE ▼
N^{bre} DE VERRES DE VIN FORT. DE 3 OZ*								
N^{bre} DE VERRES DE SPIRITUEUX DE 1,5 OZ								
N^{bre} TOTAL DE VERRES D'ALCOOL PAR JOUR								

* VIN FORTIFIÉ (p. ex., xérès, porto, vermouth)

JOURNAL DE BORD : MA CONSOMMATION D'ALCOOL

MON OBJECTIF POUR LA SEMAINE _____

N^{bre} MAXIMAL DE VERRES PAR JOUR _____
N^{bre} MAXIMAL DE JOURS DE CONSOMMATION CETTE SEMAINE _____
N^{bre} MAXIMAL DE VERRES D'ALCOOL CETTE SEMAINE _____

	L	M	M	J	V	S	D	
N^{bre} DE BOUT. DE BIÈRE DE 12 OZ								
N^{bre} DE VERRES DE VIN DE 5 OZ								N^{bre} TOTAL DE VERRES D'ALCOOL CETTE SEMAINE ▼
N^{bre} DE VERRES DE VIN FORT. DE 3 OZ*								
N^{bre} DE VERRES DE SPIRITUEUX DE 1,5 OZ								
N^{bre} TOTAL DE VERRES D'ALCOOL PAR JOUR								

* VIN FORTIFIÉ (p. ex., xérès, porto, vermouth)

JOURNAL DE BORD : MA CONSOMMATION D'ALCOOL

MON OBJECTIF POUR LA SEMAINE _____

N^{bre} MAXIMAL DE VERRES PAR JOUR _____
N^{bre} MAXIMAL DE JOURS DE CONSOMMATION CETTE SEMAINE _____
N^{bre} MAXIMAL DE VERRES D'ALCOOL CETTE SEMAINE _____

	L	M	M	J	V	S	D	
N^{bre} DE BOUT. DE BIÈRE DE 12 OZ								
N^{bre} DE VERRES DE VIN DE 5 OZ								N^{bre} TOTAL DE VERRES D'ALCOOL CETTE SEMAINE ▼
N^{bre} DE VERRES DE VIN FORT. DE 3 OZ*								
N^{bre} DE VERRES DE SPIRITUEUX DE 1,5 OZ								
N^{bre} TOTAL DE VERRES D'ALCOOL PAR JOUR								

* VIN FORTIFIÉ (p. ex., xérès, porto, vermouth)

JOURNAL DE BORD : MA CONSOMMATION D'ALCOOL

MON OBJECTIF POUR LA SEMAINE _____

N^{bre} MAXIMAL DE VERRES PAR JOUR _____
N^{bre} MAXIMAL DE JOURS DE CONSOMMATION CETTE SEMAINE _____
N^{bre} MAXIMAL DE VERRES D'ALCOOL CETTE SEMAINE _____

	L	M	M	J	V	S	D	
N^{bre} DE BOUT. DE BIÈRE DE 12 OZ								
N^{bre} DE VERRES DE VIN DE 5 OZ								N^{bre} TOTAL DE VERRES D'ALCOOL CETTE SEMAINE ▼
N^{bre} DE VERRES DE VIN FORT. DE 3 OZ*								
N^{bre} DE VERRES DE SPIRITUEUX DE 1,5 OZ								
N^{bre} TOTAL DE VERRES D'ALCOOL PAR JOUR								

* VIN FORTIFIÉ (p. ex., xérès, porto, vermouth)

Annexe

MON OBJECTIF POUR LA SEMAINE _____

N^bre MAXIMAL DE VERRES PAR JOUR _____
N^bre MAXIMAL DE JOURS DE CONSOMMATION CETTE SEMAINE _____
N^bre MAXIMAL DE VERRES D'ALCOOL CETTE SEMAINE _____

JOURNAL DE BORD : MA CONSOMMATION D'ALCOOL

	L	M	M	J	V	S	D	
N^bre DE BOUT. DE BIÈRE DE 12 OZ								
N^bre DE VERRES DE VIN DE 5 OZ								N^bre TOTAL DE VERRES D'ALCOOL CETTE SEMAINE ▼
N^bre DE VERRES DE VIN FORT. DE 3 OZ*								
N^bre DE VERRES DE SPIRITUEUX DE 1,5 OZ								
N^bre TOTAL DE VERRES D'ALCOOL PAR JOUR								

* VIN FORTIFIÉ (p. ex., xérès, porto, vermouth)

MON OBJECTIF POUR LA SEMAINE _____

N^bre MAXIMAL DE VERRES PAR JOUR _____
N^bre MAXIMAL DE JOURS DE CONSOMMATION CETTE SEMAINE _____
N^bre MAXIMAL DE VERRES D'ALCOOL CETTE SEMAINE _____

JOURNAL DE BORD : MA CONSOMMATION D'ALCOOL

	L	M	M	J	V	S	D	
N^bre DE BOUT. DE BIÈRE DE 12 OZ								
N^bre DE VERRES DE VIN DE 5 OZ								N^bre TOTAL DE VERRES D'ALCOOL CETTE SEMAINE ▼
N^bre DE VERRES DE VIN FORT. DE 3 OZ*								
N^bre DE VERRES DE SPIRITUEUX DE 1,5 OZ								
N^bre TOTAL DE VERRES D'ALCOOL PAR JOUR								

* VIN FORTIFIÉ (p. ex., xérès, porto, vermouth)

MON OBJECTIF POUR LA SEMAINE _____

N^bre MAXIMAL DE VERRES PAR JOUR _____
N^bre MAXIMAL DE JOURS DE CONSOMMATION CETTE SEMAINE _____
N^bre MAXIMAL DE VERRES D'ALCOOL CETTE SEMAINE _____

JOURNAL DE BORD : MA CONSOMMATION D'ALCOOL

	L	M	M	J	V	S	D	
N^bre DE BOUT. DE BIÈRE DE 12 OZ								
N^bre DE VERRES DE VIN DE 5 OZ								N^bre TOTAL DE VERRES D'ALCOOL CETTE SEMAINE ▼
N^bre DE VERRES DE VIN FORT. DE 3 OZ*								
N^bre DE VERRES DE SPIRITUEUX DE 1,5 OZ								
N^bre TOTAL DE VERRES D'ALCOOL PAR JOUR								

* VIN FORTIFIÉ (p. ex., xérès, porto, vermouth)

MON OBJECTIF POUR LA SEMAINE _____

N^bre MAXIMAL DE VERRES PAR JOUR _____
N^bre MAXIMAL DE JOURS DE CONSOMMATION CETTE SEMAINE _____
N^bre MAXIMAL DE VERRES D'ALCOOL CETTE SEMAINE _____

JOURNAL DE BORD : MA CONSOMMATION D'ALCOOL

	L	M	M	J	V	S	D	
N^bre DE BOUT. DE BIÈRE DE 12 OZ								
N^bre DE VERRES DE VIN DE 5 OZ								N^bre TOTAL DE VERRES D'ALCOOL CETTE SEMAINE ▼
N^bre DE VERRES DE VIN FORT. DE 3 OZ*								
N^bre DE VERRES DE SPIRITUEUX DE 1,5 OZ								
N^bre TOTAL DE VERRES D'ALCOOL PAR JOUR								

* VIN FORTIFIÉ (p. ex., xérès, porto, vermouth)

C'est assez !

MON OBJECTIF POUR LA SEMAINE _____

Nᵇʳᵉ MAXIMAL DE VERRES PAR JOUR _____
Nᵇʳᵉ MAXIMAL DE JOURS DE CONSOMMATION CETTE SEMAINE _____
Nᵇʳᵉ MAXIMAL DE VERRES D'ALCOOL CETTE SEMAINE _____

JOURNAL DE BORD : MA CONSOMMATION D'ALCOOL

	L	M	M	J	V	S	D	
Nᵇʳᵉ DE BOUT. DE BIÈRE DE 12 OZ								Nᵇʳᵉ TOTAL DE VERRES D'ALCOOL CETTE SEMAINE ▼
Nᵇʳᵉ DE VERRES DE VIN DE 5 OZ								
Nᵇʳᵉ DE VERRES DE VIN FORT. DE 3 OZ*								
Nᵇʳᵉ DE VERRES DE SPIRITUEUX DE 1,5 OZ								
Nᵇʳᵉ TOTAL DE VERRES D'ALCOOL PAR JOUR								

* VIN FORTIFIÉ (p. ex., xérès, porto, vermouth)

MON OBJECTIF POUR LA SEMAINE _____

Nᵇʳᵉ MAXIMAL DE VERRES PAR JOUR _____
Nᵇʳᵉ MAXIMAL DE JOURS DE CONSOMMATION CETTE SEMAINE _____
Nᵇʳᵉ MAXIMAL DE VERRES D'ALCOOL CETTE SEMAINE _____

JOURNAL DE BORD : MA CONSOMMATION D'ALCOOL

	L	M	M	J	V	S	D	
Nᵇʳᵉ DE BOUT. DE BIÈRE DE 12 OZ								Nᵇʳᵉ TOTAL DE VERRES D'ALCOOL CETTE SEMAINE ▼
Nᵇʳᵉ DE VERRES DE VIN DE 5 OZ								
Nᵇʳᵉ DE VERRES DE VIN FORT. DE 3 OZ*								
Nᵇʳᵉ DE VERRES DE SPIRITUEUX DE 1,5 OZ								
Nᵇʳᵉ TOTAL DE VERRES D'ALCOOL PAR JOUR								

* VIN FORTIFIÉ (p. ex., xérès, porto, vermouth)

MON OBJECTIF POUR LA SEMAINE _____

Nᵇʳᵉ MAXIMAL DE VERRES PAR JOUR _____
Nᵇʳᵉ MAXIMAL DE JOURS DE CONSOMMATION CETTE SEMAINE _____
Nᵇʳᵉ MAXIMAL DE VERRES D'ALCOOL CETTE SEMAINE _____

JOURNAL DE BORD : MA CONSOMMATION D'ALCOOL

	L	M	M	J	V	S	D	
Nᵇʳᵉ DE BOUT. DE BIÈRE DE 12 OZ								Nᵇʳᵉ TOTAL DE VERRES D'ALCOOL CETTE SEMAINE ▼
Nᵇʳᵉ DE VERRES DE VIN DE 5 OZ								
Nᵇʳᵉ DE VERRES DE VIN FORT. DE 3 OZ*								
Nᵇʳᵉ DE VERRES DE SPIRITUEUX DE 1,5 OZ								
Nᵇʳᵉ TOTAL DE VERRES D'ALCOOL PAR JOUR								

* VIN FORTIFIÉ (p. ex., xérès, porto, vermouth)

MON OBJECTIF POUR LA SEMAINE _____

Nᵇʳᵉ MAXIMAL DE VERRES PAR JOUR _____
Nᵇʳᵉ MAXIMAL DE JOURS DE CONSOMMATION CETTE SEMAINE _____
Nᵇʳᵉ MAXIMAL DE VERRES D'ALCOOL CETTE SEMAINE _____

JOURNAL DE BORD : MA CONSOMMATION D'ALCOOL

	L	M	M	J	V	S	D	
Nᵇʳᵉ DE BOUT. DE BIÈRE DE 12 OZ								Nᵇʳᵉ TOTAL DE VERRES D'ALCOOL CETTE SEMAINE ▼
Nᵇʳᵉ DE VERRES DE VIN DE 5 OZ								
Nᵇʳᵉ DE VERRES DE VIN FORT. DE 3 OZ*								
Nᵇʳᵉ DE VERRES DE SPIRITUEUX DE 1,5 OZ								
Nᵇʳᵉ TOTAL DE VERRES D'ALCOOL PAR JOUR								

* VIN FORTIFIÉ (p. ex., xérès, porto, vermouth)

MON OBJECTIF POUR LA SEMAINE _____

JOURNAL DE BORD : MA CONSOMMATION D'ALCOOL

N^{bre} MAXIMAL DE VERRES PAR JOUR _____
N^{bre} MAXIMAL DE JOURS DE CONSOMMATION CETTE SEMAINE _____
N^{bre} MAXIMAL DE VERRES D'ALCOOL CETTE SEMAINE _____

	L	M	M	J	V	S	D	
N^{bre} DE BOUT. DE BIÈRE DE 12 OZ								
N^{bre} DE VERRES DE VIN DE 5 OZ								N^{bre} TOTAL DE VERRES D'ALCOOL CETTE SEMAINE ▼
N^{bre} DE VERRES DE VIN FORT. DE 3 OZ*								
N^{bre} DE VERRES DE SPIRITUEUX DE 1,5 OZ								
N^{bre} TOTAL DE VERRES D'ALCOOL PAR JOUR								

* VIN FORTIFIÉ (p. ex., xérès, porto, vermouth)

MON OBJECTIF POUR LA SEMAINE _____

JOURNAL DE BORD : MA CONSOMMATION D'ALCOOL

N^{bre} MAXIMAL DE VERRES PAR JOUR _____
N^{bre} MAXIMAL DE JOURS DE CONSOMMATION CETTE SEMAINE _____
N^{bre} MAXIMAL DE VERRES D'ALCOOL CETTE SEMAINE _____

	L	M	M	J	V	S	D	
N^{bre} DE BOUT. DE BIÈRE DE 12 OZ								
N^{bre} DE VERRES DE VIN DE 5 OZ								N^{bre} TOTAL DE VERRES D'ALCOOL CETTE SEMAINE ▼
N^{bre} DE VERRES DE VIN FORT. DE 3 OZ*								
N^{bre} DE VERRES DE SPIRITUEUX DE 1,5 OZ								
N^{bre} TOTAL DE VERRES D'ALCOOL PAR JOUR								

* VIN FORTIFIÉ (p. ex., xérès, porto, vermouth)

MON OBJECTIF POUR LA SEMAINE _____

JOURNAL DE BORD : MA CONSOMMATION D'ALCOOL

N^{bre} MAXIMAL DE VERRES PAR JOUR _____
N^{bre} MAXIMAL DE JOURS DE CONSOMMATION CETTE SEMAINE _____
N^{bre} MAXIMAL DE VERRES D'ALCOOL CETTE SEMAINE _____

	L	M	M	J	V	S	D	
N^{bre} DE BOUT. DE BIÈRE DE 12 OZ								
N^{bre} DE VERRES DE VIN DE 5 OZ								N^{bre} TOTAL DE VERRES D'ALCOOL CETTE SEMAINE ▼
N^{bre} DE VERRES DE VIN FORT. DE 3 OZ*								
N^{bre} DE VERRES DE SPIRITUEUX DE 1,5 OZ								
N^{bre} TOTAL DE VERRES D'ALCOOL PAR JOUR								

* VIN FORTIFIÉ (p. ex., xérès, porto, vermouth)

MON OBJECTIF POUR LA SEMAINE _____

JOURNAL DE BORD : MA CONSOMMATION D'ALCOOL

N^{bre} MAXIMAL DE VERRES PAR JOUR _____
N^{bre} MAXIMAL DE JOURS DE CONSOMMATION CETTE SEMAINE _____
N^{bre} MAXIMAL DE VERRES D'ALCOOL CETTE SEMAINE _____

	L	M	M	J	V	S	D	
N^{bre} DE BOUT. DE BIÈRE DE 12 OZ								
N^{bre} DE VERRES DE VIN DE 5 OZ								N^{bre} TOTAL DE VERRES D'ALCOOL CETTE SEMAINE ▼
N^{bre} DE VERRES DE VIN FORT. DE 3 OZ*								
N^{bre} DE VERRES DE SPIRITUEUX DE 1,5 OZ								
N^{bre} TOTAL DE VERRES D'ALCOOL PAR JOUR								

* VIN FORTIFIÉ (p. ex., xérès, porto, vermouth)

C'est assez !

MON OBJECTIF POUR LA SEMAINE _____

N^{bre} MAXIMAL DE VERRES PAR JOUR _____
N^{bre} MAXIMAL DE JOURS DE CONSOMMATION CETTE SEMAINE _____
N^{bre} MAXIMAL DE VERRES D'ALCOOL CETTE SEMAINE _____

JOURNAL DE BORD : MA CONSOMMATION D'ALCOOL

	L	M	M	J	V	S	D	
N^{bre} DE BOUT. DE BIÈRE DE 12 OZ								
N^{bre} DE VERRES DE VIN DE 5 OZ								N^{bre} TOTAL DE VERRES D'ALCOOL CETTE SEMAINE ▼
N^{bre} DE VERRES DE VIN FORT. DE 3 OZ*								
N^{bre} DE VERRES DE SPIRITUEUX DE 1,5 OZ								
N^{bre} TOTAL DE VERRES D'ALCOOL PAR JOUR								

* VIN FORTIFIÉ (p. ex., xérès, porto, vermouth)

MON OBJECTIF POUR LA SEMAINE _____

N^{bre} MAXIMAL DE VERRES PAR JOUR _____
N^{bre} MAXIMAL DE JOURS DE CONSOMMATION CETTE SEMAINE _____
N^{bre} MAXIMAL DE VERRES D'ALCOOL CETTE SEMAINE _____

JOURNAL DE BORD : MA CONSOMMATION D'ALCOOL

	L	M	M	J	V	S	D	
N^{bre} DE BOUT. DE BIÈRE DE 12 OZ								
N^{bre} DE VERRES DE VIN DE 5 OZ								N^{bre} TOTAL DE VERRES D'ALCOOL CETTE SEMAINE ▼
N^{bre} DE VERRES DE VIN FORT. DE 3 OZ*								
N^{bre} DE VERRES DE SPIRITUEUX DE 1,5 OZ								
N^{bre} TOTAL DE VERRES D'ALCOOL PAR JOUR								

* VIN FORTIFIÉ (p. ex., xérès, porto, vermouth)

MON OBJECTIF POUR LA SEMAINE _____

N^{bre} MAXIMAL DE VERRES PAR JOUR _____
N^{bre} MAXIMAL DE JOURS DE CONSOMMATION CETTE SEMAINE _____
N^{bre} MAXIMAL DE VERRES D'ALCOOL CETTE SEMAINE _____

JOURNAL DE BORD : MA CONSOMMATION D'ALCOOL

	L	M	M	J	V	S	D	
N^{bre} DE BOUT. DE BIÈRE DE 12 OZ								
N^{bre} DE VERRES DE VIN DE 5 OZ								N^{bre} TOTAL DE VERRES D'ALCOOL CETTE SEMAINE ▼
N^{bre} DE VERRES DE VIN FORT. DE 3 OZ*								
N^{bre} DE VERRES DE SPIRITUEUX DE 1,5 OZ								
N^{bre} TOTAL DE VERRES D'ALCOOL PAR JOUR								

* VIN FORTIFIÉ (p. ex., xérès, porto, vermouth)

MON OBJECTIF POUR LA SEMAINE _____

N^{bre} MAXIMAL DE VERRES PAR JOUR _____
N^{bre} MAXIMAL DE JOURS DE CONSOMMATION CETTE SEMAINE _____
N^{bre} MAXIMAL DE VERRES D'ALCOOL CETTE SEMAINE _____

JOURNAL DE BORD : MA CONSOMMATION D'ALCOOL

	L	M	M	J	V	S	D	
N^{bre} DE BOUT. DE BIÈRE DE 12 OZ								
N^{bre} DE VERRES DE VIN DE 5 OZ								N^{bre} TOTAL DE VERRES D'ALCOOL CETTE SEMAINE ▼
N^{bre} DE VERRES DE VIN FORT. DE 3 OZ*								
N^{bre} DE VERRES DE SPIRITUEUX DE 1,5 OZ								
N^{bre} TOTAL DE VERRES D'ALCOOL PAR JOUR								

* VIN FORTIFIÉ (p. ex., xérès, porto, vermouth)

Journal de bord : comment je fais face aux envies de boire

DESCRIPTION DE MON ENVIE DE BOIRE

Heure _____ Lieu _____ J'étais avec _____

Mes sentiments _____

CE QUE J'AI FAIT

Je me suis dit _____

Voici ce que j'ai fait pour résister à l'envie de boire _____

Quand on m'a offert de l'alcool, j'ai refusé en disant _____

MA MÉTHODE A-T-ELLE ÉTÉ EFFICACE ? ☐ Oui   ☐ Non

DESCRIPTION DE MON ENVIE DE BOIRE

Heure _____ Lieu _____ J'étais avec _____

Mes sentiments _____

CE QUE J'AI FAIT

Je me suis dit _____

Voici ce que j'ai fait pour résister à l'envie de boire _____

Quand on m'a offert de l'alcool, j'ai refusé en disant _____

MA MÉTHODE A-T-ELLE ÉTÉ EFFICACE ? ☐ Oui   ☐ Non

DESCRIPTION DE MON ENVIE DE BOIRE

Heure _____ Lieu _____ J'étais avec _____

Mes sentiments _____

_____

CE QUE J'AI FAIT

Je me suis dit _____

_____

Voici ce que j'ai fait pour résister à l'envie de boire _____

_____

Quand on m'a offert de l'alcool, j'ai refusé en disant _____

_____

MA MÉTHODE A-T-ELLE ÉTÉ EFFICACE ? ☐ Oui ☐ Non

DESCRIPTION DE MON ENVIE DE BOIRE

Heure _____ Lieu _____ J'étais avec _____

Mes sentiments _____

_____

CE QUE J'AI FAIT

Je me suis dit _____

_____

Voici ce que j'ai fait pour résister à l'envie de boire _____

_____

Quand on m'a offert de l'alcool, j'ai refusé en disant _____

_____

MA MÉTHODE A-T-ELLE ÉTÉ EFFICACE ? ☐ Oui ☐ Non

DESCRIPTION DE MON ENVIE DE BOIRE

Heure _____ Lieu _____ J'étais avec _____

Mes sentiments _____

_____

CE QUE J'AI FAIT

Je me suis dit _____

_____

Voici ce que j'ai fait pour résister à l'envie de boire _____

_____

Quand on m'a offert de l'alcool, j'ai refusé en disant _____

_____

MA MÉTHODE A-T-ELLE ÉTÉ EFFICACE ? ☐ Oui ☐ Non

JOURNAL DE BORD : COMMENT JE FAIS FACE AUX ENVIES DE BOIRE

DESCRIPTION DE MON ENVIE DE BOIRE

Heure _____ Lieu _____ J'étais avec _____

Mes sentiments _____

_____

CE QUE J'AI FAIT

Je me suis dit _____

_____

Voici ce que j'ai fait pour résister à l'envie de boire _____

_____

Quand on m'a offert de l'alcool, j'ai refusé en disant _____

_____

MA MÉTHODE A-T-ELLE ÉTÉ EFFICACE ? ☐ Oui ☐ Non

DESCRIPTION DE MON ENVIE DE BOIRE

Heure _____ Lieu _____ J'étais avec _____

Mes sentiments _____

_____

CE QUE J'AI FAIT

Je me suis dit _____

_____

Voici ce que j'ai fait pour résister à l'envie de boire _____

_____

Quand on m'a offert de l'alcool, j'ai refusé en disant _____

_____

MA MÉTHODE A-T-ELLE ÉTÉ EFFICACE ? ☐ Oui ☐ Non

DESCRIPTION DE MON ENVIE DE BOIRE

Heure _____ Lieu _____ J'étais avec _____

Mes sentiments _____

_____

CE QUE J'AI FAIT

Je me suis dit _____

_____

Voici ce que j'ai fait pour résister à l'envie de boire _____

_____

Quand on m'a offert de l'alcool, j'ai refusé en disant _____

_____

MA MÉTHODE A-T-ELLE ÉTÉ EFFICACE ? ☐ Oui ☐ Non

JOURNAL DE BORD : COMMENT JE FAIS FACE AUX ENVIES DE BOIRE

DESCRIPTION DE MON ENVIE DE BOIRE

Heure _____ Lieu _____ J'étais avec _____

Mes sentiments _____

_____

CE QUE J'AI FAIT

Je me suis dit _____

_____

Voici ce que j'ai fait pour résister à l'envie de boire _____

_____

Quand on m'a offert de l'alcool, j'ai refusé en disant _____

_____

MA MÉTHODE A-T-ELLE ÉTÉ EFFICACE ? ☐ Oui ☐ Non

DESCRIPTION DE MON ENVIE DE BOIRE

Heure _____ Lieu _____ J'étais avec _____

Mes sentiments _____

_____

CE QUE J'AI FAIT

Je me suis dit _____

_____

Voici ce que j'ai fait pour résister à l'envie de boire _____

_____

Quand on m'a offert de l'alcool, j'ai refusé en disant _____

_____

MA MÉTHODE A-T-ELLE ÉTÉ EFFICACE ? ☐ Oui ☐ Non

DESCRIPTION DE MON ENVIE DE BOIRE

Heure _____ Lieu _____ J'étais avec _____

Mes sentiments _____

_____

CE QUE J'AI FAIT

Je me suis dit _____

_____

Voici ce que j'ai fait pour résister à l'envie de boire _____

_____

Quand on m'a offert de l'alcool, j'ai refusé en disant _____

_____

MA MÉTHODE A-T-ELLE ÉTÉ EFFICACE ? ☐ Oui ☐ Non

Premier suivi

Période : _____

RÉSUMÉ DE MA CONSOMMATION SUR UNE PÉRIODE DE 28 JOURS

	Nombre de jours (A)		Nombre habituel de verres (B)		Totaux (A × B)
Jours sans alcool	_____				
1 à 4 verres	_____	×	_____	=	_____
5 à 9 verres	_____	×	_____	=	_____
10 verres ou plus	_____	×	_____	=	_____
	(= 28 jours)				

Nombre total de verres (28 jours) _____

Moyenne hebdomadaire (nombre total de verres ÷ 4 semaines) _____

FAIRE FACE AUX ENVIES DE DÉPASSER MA LIMITE

Les meilleures expressions pour me dire « NON » : _____

_____

_____

_____

Les meilleures expressions pour dire « NON » aux autres lorsqu'ils m'invitent à boire : _____

_____

_____

Les activités les plus utiles pour éviter de boire de manière excessive :

_____

_____

_____

Deuxième suivi

Période : _____

RÉSUMÉ DE MA CONSOMMATION SUR UNE PÉRIODE DE 28 JOURS

	Nombre de jours (A)		Nombre habituel de verres (B)		Totaux (A × B)
Jours sans alcool	_____				
1 à 4 verres	_____	×	_____	=	_____
5 à 9 verres	_____	×	_____	=	_____
10 verres ou plus	_____	×	_____	=	_____

(= 28 jours)

Nombre total de verres (28 jours) _____

Moyenne hebdomadaire (nombre total de verres ÷ 4 semaines) _____

FAIRE FACE AUX ENVIES DE DÉPASSER MA LIMITE

Les meilleures expressions pour me dire « NON » : _____

_____

_____

_____

Les meilleures expressions pour dire « NON » aux autres lorsqu'ils m'invitent à boire : _____

_____

_____

Les activités les plus utiles pour éviter de boire de manière excessive :

_____

_____

_____

Troisième suivi

Période : _____

RÉSUMÉ DE MA CONSOMMATION SUR UNE PÉRIODE DE 28 JOURS

	Nombre de jours (A)	Nombre habituel de verres (B)	Totaux (A × B)
Jours sans alcool	_____		
1 à 4 verres	_____ ×	_____ =	_____
5 à 9 verres	_____ ×	_____ =	_____
10 verres ou plus	_____ ×	_____ =	_____
(= 28 jours)			

Nombre total de verres (28 jours)   _____

Moyenne hebdomadaire (nombre total de verres ÷ 4 semaines)   _____

FAIRE FACE AUX ENVIES DE DÉPASSER MA LIMITE

Les meilleures expressions pour me dire « NON » : _____

_____

_____

_____

Les meilleures expressions pour dire « NON » aux autres lorsqu'ils m'invitent à boire : _____

_____

_____

Les activités les plus utiles pour éviter de boire de manière excessive :

_____

_____

_____

Quatrième suivi

Période : _____

RÉSUMÉ DE MA CONSOMMATION SUR UNE PÉRIODE DE 28 JOURS

	Nombre de jours (A)		Nombre habituel de verres (B)		Totaux (A × B)
Jours sans alcool	_____				
1 à 4 verres	_____	×	_____	=	_____
5 à 9 verres	_____	×	_____	=	_____
10 verres ou plus	_____	×	_____	=	_____
	(= 28 jours)				

Nombre total de verres (28 jours) _____

Moyenne hebdomadaire (nombre total de verres ÷ 4 semaines) _____

FAIRE FACE AUX ENVIES DE DÉPASSER MA LIMITE

Les meilleures expressions pour me dire « NON » : _____

_____

_____

_____

Les meilleures expressions pour dire « NON » aux autres lorsqu'ils m'invitent à boire : _____

_____

_____

Les activités les plus utiles pour éviter de boire de manière excessive :

_____

_____

_____

Ressources pour le traitement

Si vous désirez vous renseigner davantage sur les problèmes liés à votre consommation d'alcool, vous pouvez d'abord parler à une personne en qui vous avez confiance – un médecin, une infirmière, un conseiller, un thérapeute, un travailleur social, un employé d'un bureau de santé, ou toute autre personne digne de confiance.

Vous pouvez également communiquer avec un groupe d'entraide comme les Alcooliques Anonymes (AA). Pour trouver la section locale des AA, consultez le répertoire de cette association en ligne.

www.aa.org/lang/fr/index.cfm. Cliquez sur Comment trouver les réunions AA.

Pour trouver des services de traitement de la toxicomanie dans votre collectivité, adressez-vous à l'organisme suivant :

Centre canadien de lutte contre l'alcoolisme et les toxicomanies (CCLAT)

Cet organisme national peut vous fournir une liste de services d'aide pour le traitement de la toxicomanie offerts dans votre province ou territoire, ainsi que des renseignements sur les ressources de traitement offertes au Canada.

www.ccsa.ca/fra/topics/treatment/default/pages/default.aspx

AU SUJET DE L'AUTEURE

Martha Sanchez-Craig (Ph.D.) a été scientifique principale à la
Fondation de la recherche sur la toxicomanie à Toronto (Canada)
pendant plus de 20 ans. Elle a évalué diverses méthodes de traitement pour les patients ayant des problèmes liés à l'alcool, qu'ils soient
mineurs ou graves. Les objectifs des traitements offerts à ses patients
comprenaient l'abstinence et la modération. Mme Sanchez-Craig a
fait des études de premier cycle en psychologie et en philosophie
au Mexique et est titulaire d'un doctorat en psychologie-conseil de
l'Université de Toronto. Elle est maintenant à la retraite.

Lightning Source UK Ltd.
Milton Keynes UK
UKHW021118300821
389711UK00013B/921